GUIDES

Le guide de *la cuisine étudiante*

Sabine Duhamel

GUIDES J

Remerciements
à

Olivier Belenfant, Nathalie Coulon,
Xavier Dupeyrot, Claudette Duhamel,
Michèle et Hélène Gautheron,
Béatrice Joubert, Florence Sabourdy
et Sandrine Traisnel

Sommaire

Partie I

Avant de commencer

1. S'équiper

Pas besoin de se priver de tout pour s'offrir l'essentiel. Il est, en effet, tout à fait possible de s'équiper sans se ruiner. Certains supermarchés proposent régulièrement des promotions sur les ustensiles de cuisine, et les solderies constituent un excellent moyen de s'offrir à moindre coût de l'équipement de base.

Parmi les instruments indispensables, prévoyez au minimum :

- une grande casserole,
- une poêle,
- un plat allant au four (du type plat à gratin),
- un saladier,
- une râpe à fromage,
- un verre doseur,
- une passoire,
- des couteaux et des fourchettes pour la préparation des aliments.

Les recettes proposées dans ce guide ne nécessitent aucun équipement particulier du type batteur électrique, etc. Au pire, elles supposent la possession d'un verre doseur ou d'une râpe à fromage.

Si toutefois vous vous trouviez dans l'obligation de faire l'économie d'un verre doseur, sachez que :

- 7 cuillères à soupe de sucre équivalent à 100 g,
- 10 cuillères à soupe de farine équivalent à 100 g,
- 7 cuillères à soupe de riz équivalent à 100 g,
- 1 pot de crème fraîche équivaut à 150 g,
- 1 bol contient 250 ml.

Mais si, après vous être offert une poêle ou une casserole supplémentaire, il vous reste quelques deniers, n'hésitez pas à investir dans des ustensiles du type :

- moule à tarte, à cake, etc. (bon nombre de supermarchés proposent toute une batterie de moules jetables, bien pratiques en dépannage lorsqu'il s'agit de confectionner *in extremis* un cake ou une tarte, mais évidemment peu rentables à long terme...) ;
- sauteuse, bien pratique lorsque l'on reçoit et qu'il faut cuisiner pour plusieurs ;
- cuillère en bois, plus simple à utiliser qu'une fourchette ou qu'une cuillère à soupe lorsqu'il s'agit de mélanger.

Pour ce qui est du gros équipement, de nombreux magasins d'occasion proposent des prix très avantageux au niveau de l'électroménager et la plupart des enseignes et des grandes marques possèdent des « stocks » ouverts au public, dans lesquels sont vendus les appareils d'exposition ou ceux ayant connu des avaries de parcours (carton ouvert, bosse, etc.).

2. S'approvisionner

Pour s'approvisionner au moindre coût, l'idéal reste de bénéficier, à côté de chez soi, de la présence d'un magasin de discount alimentaire ou d'une grande surface.

Certains marchés restent, néanmoins, très avantageux (le marché d'Aligre à Paris, par exemple, est connu pour être l'un des moins chers de la capitale).

Et pour offrir à ses papilles le bon goût des produits frais et des fruits et légumes de saison sans pour autant entailler son budget au point de se priver du reste, il n'est pas inutile de rappeler le fameux truc des « fins de marchés » : le jeu consiste à aller faire ses courses au dernier moment (c'est-à-dire juste avant que tout le monde ne remballe), de façon à bénéficier de remises intéressantes (certains marchands préfèrent, en effet, réaliser une dernière vente en baissant leurs prix de façon conséquente, plutôt que de repartir avec certaines denrées périssables, d'autres se montrent plus généreux sur les quantités...).

Et dans la série « apprenons à faire nos courses intelligemment », pensez, notamment à toujours avoir sous la main :

- du sel et du poivre (ces deux éléments paraissant à ce point essentiels qu'ils comptent parmi les deux seuls à ne pas apparaître dans le prix des recettes figurant dans cet ouvrage) ;
- de l'huile de tournesol, qui convient aussi bien aux salades qu'à la cuisson des aliments ;
- du sucre en poudre.

Hormis ces quelques produits de base, il existe aussi toute une série d'ingrédients qu'il est toujours utile d'avoir dans ses placards, qu'il s'agisse de relever la saveur du plat le plus ordinaire, ou de confectionner en un clin d'œil une petite recette sympa.

Parmi eux :

- un flacon d'herbes de Provence,
- un pot de moutarde,
- un paquet de pâtes ou de riz,
- quelques boîtes de miettes de thon,
- un bocal de sauce tomate,
- une boîte de tomates pelées,
- quelques boîtes de conserve (haricots, maïs, etc.),

• une brique de lait,
• du fromage râpé,
• une boîte de fruits au sirop,
• quelques oignons, gousses d'ail ou échalotes (frais ou déshydratés en flacons),
• du beurre ou de la margarine.

Pensez aussi à prévoir :

• du papier aluminium (pour la cuisson et la conservation),
• du papier essuie-tout, pour essorer, graisser, etc.

A noter

Sauf indication contraire, les quantités et les prix de chaque recette sont donnés pour 4 personnes.

Les prix mentionnés dans ce guide ne sont donnés qu'à titre indicatif (car variant en fonction des enseignes et des saisons, pour ce qui est des fruits et des légumes). La majorité d'entre eux ont été relevés dans les magasins de discount alimentaire (plus rarement dans les supermarchés).

Ne sont pas pris en compte dans le prix de chaque recette : le sel, le poivre, le beurre ou la margarine s'ils n'occupent qu'une fonction de graissage.

Partie II

Les petites bouffes de tous les jours

1. Les entrées et les en-cas

Bouchées à la reine

Ingrédients

- 4 bouchées feuilletées précuites (8,95 francs la boîte de 4 - 1,36 €)
- 1 boîte de champignons de Paris (3,90 francs - 0,59 €)
- 2 petites escalopes de poulet (11 francs les deux - 1,67 €)
- 1 sachet de béchamel (ou du beurre, de la farine et du lait pour préparer la béchamel) (4,10 francs le sachet - 0,63 €)
- sel
- poivre
- beurre ou margarine

Coût total de la recette : *27,95 francs - environ 4,26 €*

Matériel

1 casserole - 1 poêle - 1 feuille de papier aluminium

---

1. Faire cuire les escalopes de poulet à la poêle, puis les laisser refroidir et les couper en fines lamelles.
2. Dans une casserole, préparer une béchamel assez épaisse et y ajouter le poulet, puis les champignons coupés en petits morceaux.
3. Saler, poivrer.
4. Remplir les bouchées de cette préparation et les disposer sur la grille du four recouverte d'une feuille de papier aluminium.
5. Faire chauffer une vingtaine de minutes à four doux.

Croque-monsieur 

Ingrédients

- 8 tranches de pain de mie (3,50 francs le paquet - 0,53 €)
- 4 tranches de jambon (7,80 francs les deux tranches - 1,19 €, soit : 15,60 francs - 2,38 €)
- 1 petit sachet de gruyère râpé (6,95 francs - 1,06 €)
- un peu de lait (2,90 francs la brique - 0,44 €)
- beurre (5,95 francs la plaquette - 0,91 €)
- sel et poivre

Coût total de la recette : *34,90 francs - environ 5,32 €*

Matériel

1 bol - 1 feuille de papier aluminium

---

1. Verser le gruyère râpé dans un bol et le recouvrir de lait.
2. Saler, poivrer et battre l'ensemble comme une omelette.
3. Beurrer les tranches de pain de mie et disposer la moitié d'une tranche de jambon sur quatre d'entre elles.
4. Recouvrir les quatre tranches de pain restantes et les badigeonner d'une couche épaisse du mélange gruyère-lait.
5. Placer les croque-monsieur sur la grille du four recouverte d'une feuille de papier aluminium et faire gratiner à four chaud cinq minutes environ.

Flamekueche

Ingrédients

- 1 rouleau de pâte à pizza (7,90 francs - 1,20 €)
- 1 sachet de lardons (5,95 francs - 0,91 €)
- 2 oignons (2 francs - 0,31 €)
- 1 petit pot de crème fraîche (3,45 francs - 0,53 €)
- 2 petits pots de fromage blanc (7,90 francs les 4 pots - 1,21 €)
- 1 œuf (5,95 francs les 6 - 0,91 €)
- sel et poivre
- beurre ou margarine

***Coût total de la recette :** 33,15 francs - environ 5,05 €*

Matériel

1 poêle - 1 saladier - 1 feuille d'aluminium (si la pâte à pizza est vendue sans papier sulfurisé)

---

1. Couper les oignons en fines lamelles et les faire rissoler quelques minutes avec les lardons.
2. Dans un saladier, battre l'œuf en omelette et ajouter peu à peu la crème fraîche et le fromage blanc.
3. Saler et poivrer.
4. Dérouler la pâte et la poser sur la grille du four recouverte de papier sulfurisé (ou de papier aluminium).
5. Badigeonner la pâte à pizza du mélange crème fraîche-fromage blanc, puis parsemer de morceaux de lard et d'oignons.
6. Cuire une quinzaine de minutes à four chaud.

Gougères

Ingrédients

- 4 œufs (5,95 francs les 6 - 0,91 €)
- 1 petit sachet de gruyère râpé (6,95 francs - 1,06 €)
- 75 g de beurre (5,95 francs la plaquette - 0,91 €)
- 125 g de farine (1,75 franc le paquet - 0,26 €)
- sel et poivre

Coût total de la recette : *20,60 francs - environ 3,14 €*

Matériel

1 casserole - 1 feuille de papier aluminium - 1 verre (type verre à whisky)

---

1. Faire chauffer le beurre dans une casserole avec un grand verre d'eau.
2. Lorsque le mélange est à ébullition, mettre sur feu doux et verser la farine sans cesser de remuer, jusqu'à ce que la pâte se détache des parois de la casserole.
3. Retirer la casserole du feu, y casser les œufs les uns après les autres et remuer jusqu'à obtenir une pâte homogène.
4. Saler, poivrer et ajouter le gruyère râpé.
5. Laisser la préparation reposer une quarantaine de minutes et former des petits tas de pâte sur la grille du four recouverte d'une feuille de papier aluminium.
6. Faire cuire une vingtaine de minutes à four chaud.

Bon à savoir : vous pouvez ajouter de la muscade à la préparation, cela relèvera le goût des gougères.

Hot dogs

Ingrédients

- 1 baguette (4,40 francs - 0,67 €)
- 4 saucisses de Strasbourg (4,95 francs les 6 - 0,75 €)
- 1 pot de moutarde (1,95 franc - 0,29 €)
- 1 petit sachet de gruyère râpé (6,95 francs - 1,06 €)
- un peu de lait (2,90 francs - 0,44 €)

Coût total de la recette : *21,15 francs - environ 3,22 €*

Matériel

1 bol - 1 feuille de papier aluminium

---

1. Verser le gruyère râpé dans un bol et le recouvrir de lait.
2. Saler, poivrer et battre l'ensemble comme une omelette.
3. Couper la baguette en quatre puis fendre chaque morceau dans le sens de la longueur.
4. Tartiner l'intérieur des morceaux de baguette avec un peu de moutarde, puis y placer une saucisse.
5. Recouvrir d'une couche du mélange gruyère-lait.
6. Placer les hot dogs sur la grille du four recouverte d'une feuille de papier aluminium et faire gratiner cinq minutes environ.

Mâche aux raisins

Ingrédients

- 1 barquette de mâche (9,90 francs - 1,51 €)
- 1 grappe de raisin noir (6,90 francs - 1,06 €)
- 1 tranche d'emmental (12,15 francs - 1,85 €)
- huile (5,95 francs la bouteille d'huile de tournesol - 0,91 €)
- vinaigre de vin (3,85 francs la bouteille - 0,59 €)
- sel et poivre

Coût total de la recette : *38,75 francs - environ 5,91 €*

Matériel

1 saladier

---

1. Mélanger 4 cuillères à soupe d'huile et 1 cuillère à soupe de vinaigre de vin.
2. Saler, poivrer et ajouter la mâche lavée et égouttée.
3. Couper l'emmental en petits dés et le mélanger à la salade.
4. Ajouter les grains de raisins lavés et égouttés.

Œufs aux légumes

Ingrédients

- 8 œufs (9,95 francs la boîte de 12 - 1,51 €)
- 1 petite boîte de macédoine de légumes (2,75 francs - 0,42 €)
- 2 grosses cuillères à soupe de mayonnaise (2,80 francs le pot de mayonnaise - 0,43 €)
- sel et poivre

Coût total de la recette : *15,50 francs - environ 2,36 €*

Matériel

1 saladier - 1 fourchette - 1 bol - 1 casserole

---

1. Faire durcir les œufs une dizaine de minutes dans une casserole remplie d'eau bouillante.
2. Lorsqu'ils sont cuits, les passer sous l'eau froide et les débarrasser de leur coquille.
3. Couper les œufs refroidis en deux dans le sens de la longueur.
4. Ecraser les jaunes dans un bol.
5. Dans un saladier, mélanger la macédoine et la mayonnaise.
6. Saler et poivrer.
7. Remplir les blancs de cette préparation et saupoudrer des jaunes écrasés.

Servir très frais.

Œufs mimosa

Ingrédients

- 8 œufs (9,95 francs les 12 - 1,52 €)
- 1 petit pot de sauce béarnaise, ou de mayonnaise et de moutarde. (2,80 francs le pot de mayonnaise - 0,43 € + 1,95 franc le pot de moutarde - 0,29 €)

Coût total de la recette : *14,70 francs - environ 2,24 €*

Matériel

1 saladier - 1 fourchette - 1 casserole

---

1. Faire durcir les œufs une dizaine de minutes dans une casserole d'eau bouillante.
2. Lorsqu'ils sont cuits, les passer sous l'eau froide et les débarrasser de leur coquille.
3. Couper les œufs en deux dans le sens de la longueur.
4. Dans un saladier, écraser les jaunes et les mélanger à deux grosses cuillères à soupe de sauce béarnaise (ou de mayonnaise relevée d'une cuillère à café de moutarde).
5. Bien remuer jusqu'à l'obtention d'une farce homogène.
6. Remplir les blancs de cette préparation et placer au réfrigérateur.

Omelette crémeuse aux champignons

Ingrédients

- 6 œufs (5,95 francs - 0,91 €)
- 1 petite boîte de champignons de Paris (3,90 francs - 0,60 €)
- 1 petit pot de crème fraîche (3,45 francs - 0,53 €)
- sel et poivre
- beurre ou margarine

Coût total de la recette : *13,30 francs - environ 2,03 €*

Matériel

1 petit saladier - 1 poêle

---

1. Casser les œufs dans un saladier et les battre à l'aide d'une fourchette.
2. Saler, poivrer et ajouter une grosse cuillère à soupe de crème fraîche.
3. Battre à nouveau et ajouter les champignons.
4. Battre l'ensemble.
5. Faire fondre la graisse dans une poêle et y faire cuire l'omelette à feu doux.

Omelette forestière

Ingrédients
- 6 œufs (5,95 francs la boîte - 0,91 €)
- 4 pommes de terre (3,50 francs - 0,53 €)
- 2 oignons (2 francs - 0,31 €)
- 1 boîte de champignons de Paris (3,90 francs - 0,59 €)
- sel et poivre
- beurre ou margarine

Coût total de la recette : *15,35 francs - environ 2,34 €*

Matériel
1 petit saladier - 1 casserole - 1 poêle

---

1. Faire cuire les pommes de terre dans une casserole remplie d'eau bouillante.
2. Les peler et les couper en grosses rondelles.
3. Battre les œufs à l'aide d'une fourchette.
4. Saler et poivrer.
5. Couper les oignons en lamelles et les faire dorer à la poêle.
6. Ajouter les pommes de terre et les champignons de Paris.
7. Verser l'omelette sur les légumes et laisser cuire quelques minutes.

Omelette parisienne

Ingrédients
- 6 œufs (5,95 francs - 0,91 €)
- 1 petit sachet de gruyère râpé (6,95 francs - 1,06 €)
- 2 tranches de jambon (7,80 francs - 1,19 €)
- sel et poivre
- beurre ou margarine

***Coût total de la recette :** 20,70 francs - environ 3,15 €*

Matériel
1 petit saladier - 1 poêle.

---

1. Casser les œufs dans un saladier et les battre à l'aide d'une fourchette.
2. Saler, poivrer et ajouter le gruyère râpé.
3. Battre à nouveau et ajouter le jambon coupé en petits morceaux. Battre l'ensemble.
4. Faire fondre la graisse dans une poêle et y faire cuire l'omelette à feu doux.

Ratatouille en salade

Ingrédients

- 2 aubergines (8,80 francs - 1,34 €)
- 2 poivrons (si possible 1 rouge et un vert) (3,80 francs - 0,58 €)
- 4 grosses tomates (5 francs - 0,76 €)
- 1 oignon (1 franc - 0,15 €)
- 1 gousse d'ail (12,90 francs le filet de 500 g - 1,97 €)
- huile d'olive (17,95 francs la demi bouteille - 2,74 €).
- herbes de Provence (3,25 francs le flacon - 0,49 €)
- sel et poivre

Coût total de la recette : *52,70 francs - environ 8,03 €*

Matériel

1 poêle - 1 saladier - 1 feuille de papier aluminium.

---

1. Couper les aubergines en rondelles et les faire cuire sur une feuille d'aluminium placée sur la grille du four jusqu'à ce qu'elles deviennent tendres.
2. Laver, épépiner et couper les poivrons en fines lanières.
3. Dans une poêle, faire revenir, à l'huile d'olive, l'ail et l'oignon coupés en petits morceaux, puis y ajouter les poivrons.
4. Lorsque la préparation a refroidi, la mélanger aux tomates et aux aubergines froides et coupées en morceaux.
5. Assaisonner, arroser d'un filet d'huile d'olive et servir très frais.

Salade aux lardons

Ingrédients
- 1 sachet de salade mélangée (7,45 francs - 1,13 €)
- 4 tranches de pain de mie (3,50 francs le paquet - 0,53 €)
- 1 sachet de lardons (5,95 francs - 0,91 €)
- 2 œufs (5,95 francs la boîte de 6 - 0,91 €)
- huile (5,95 francs la bouteille d'huile de tournesol - 0,91 €)
- vinaigre (3,85 francs la bouteille de vinaigre de vin - 0,59 €)
- sel et poivre

***Coût total de la recette :** 32,65 francs - environ 4,98 €*

Matériel
1 saladier - 1 poêle - 1 casserole

---

1. Faire durcir les œufs une dizaine de minutes dans l'eau bouillante.
3. Faire griller le pain, puis le couper en morceaux.
4. Faire dorer les lardons à la poêle.
5. Dans un saladier, faire une vinaigrette (1 cuillère à soupe de vinaigre pour 3 cuillères à soupe d'huile) et y ajouter la salade.
6. Poivrer et saler très légèrement.
7. Mélanger avec les croûtons, les lardons et les œufs durs refroidis et coupés en quartiers.

Salade de crevettes au curry

Ingrédients

- 8 grosses pommes de terre (7,50 francs - 1,20 €)
- 1 citron (1,90 franc - 0,29 €)
- 2 boîtes de crevettes (8,95 francs la boîte, soit : 17,90 francs - 2,73 €)
- huile (5,95 francs la bouteille d'huile de tournesol - 0,91 €)
- mayonnaise (2,80 francs le pot - 0,43 €)
- curry (3,25 francs le flacon - 0,49 €)
- sel et poivre

***Coût total de la recette :** 39,30 francs - environ 5,99 €*

Matériel

1 casserole - 1 saladier

---

1. Eplucher les pommes de terre et les faire cuire dans une casserole remplie d'eau bouillante.
2. Lorsqu'elles ont refroidi, les couper en gros dés.
3. Dans un saladier, préparer la sauce en mélangeant 4 cuillères à soupe d'huile à 3 cuillères à soupe de mayonnaise. Saler, poivrer et ajouter le jus d'un demi-citron et 2 cuillères à café de curry.
4. Mélanger alors délicatement les pommes de terre et les crevettes.

Salade de pommes de terre

Ingrédients

- 15 à 20 petites pommes de terre (15,95 francs le filet de 2,5 kg - 2,43 €)
- 2 yaourts nature (4,40 francs les 4 - 0,67 €)
- 2 échalotes (12,90 francs le filet de 500 g - 1,97 €)
- 1 citron (1,90 franc - 0,29 €)
- herbes de Provence (3,25 francs le flacon - 0,49 €)
- sel et poivre

Coût total de la recette : *38,40 francs - environ 5,85 €*

Matériel

1 casserole - 1 saladier

---

1. Faire cuire les pommes de terre dans une casserole remplie d'eau bouillante.
2. Dans un saladier, mélanger le yaourt aux échalotes coupées en très petits morceaux.
3. Saler, poivrer, arroser du jus de citron et ajouter une pincée d'herbes de Provence.
4. Lorsque les pommes de terre ont refroidi, les mélanger délicatement à cette sauce et servir très frais.

Salade de riz complète

Ingrédients

- 3 œufs (5,95 francs la boîte de 6 - 0,91 €)
- 125 g de riz (soit 1 sachet) (3,95 francs la boîte de 4 sachets - 0,60 €)
- 1 petite boîte de thon (4,75 francs - 0,73 €)
- 1 boîte de maïs (2,75 francs - 0,42 €)
- 4 tomates (5 francs - 0,76 €)
- 1 sachet de salade (7,45 francs - 1,14 €)
- huile (5,95 francs la bouteille d'huile de tournesol - 0,91 €)
- 1 citron (1,90 franc - 0,29 €)
- 1 cuillère à soupe de mayonnaise (2,80 francs le pot - 0,43 €)
- sel et poivre

Coût total de la recette : *40,50 francs - environ 6,17 €*

Matériel

1 casserole - 1 saladier

---

1. Faire durcir les œufs en les faisant cuire une dizaine de minutes dans de l'eau bouillante.
2. Faire cuire le riz.
3. Laver et couper les tomates en quatre.
4. Dans un saladier, préparer la sauce en mélangeant l'huile, le jus de citron et la mayonnaise. Saler. Poivrer.
5. Lorsque le riz et les œufs (coupés en quatre) ont refroidi, les mélanger au thon émietté, au maïs, aux tomates et à la salade.

Salade niçoise

Ingrédients
- 1 sachet de riz (3,95 francs la boîte de 4 sachets - 0,60 €)
- 8 tomates (10 francs - 1,52 €)
- 1 poivron vert (1,80 franc - 0,27 €)
- 1 oignon (1 franc - 0,52 €)
- 1 petite boîte de haricots verts (2,95 francs - 0,45 €)
- 1 petite boîte d'anchois (8,40 francs - 1,28 €)
- quelques olives noires (2,55 francs le sachet de 125 g - 0,39 €)
- 3 œufs (5,95 francs les 6 - 0,91 €)
- 1 petite boîte de miettes de thon (4,75 francs - 0,72 €)
- vinaigre (3,85 francs la bouteille de vinaigre de vin - 0,59 €)
- huile (5,95 francs la bouteille d'huile de tournesol - 0,91 €)
- sel et poivre

Coût total de la recette : *51,15 francs - environ 7,80 €*

Matériel
1 casserole - 1 saladier

---

1. Faire cuire le riz.
2. Faire durcir les œufs une dizaine de minutes dans l'eau bouillante.
3. Les éplucher et les couper en quatre.
4. Laver et couper les tomates en quatre.
5. Laver, épépiner et couper le poivron en fines lanières.
6. Eplucher et couper l'oignon en fines lamelles.
7. Faire une vinaigrette avec 3 cuillères à soupe d'huile d'olive et 1 cuillère à soupe de vinaigre. Saler et poivrer.
8. Mélanger délicatement le riz et les œufs refroidis, le thon émietté, les olives dénoyautées, les tomates, le poivron, l'oignon et les haricots coupés en petits morceaux.

Tartines italiennes

Ingrédients

- 1 baguette (4,40 francs - 0,67 €)
- 1 boule de mozzarella (9,95 francs - 1,52 €)
- 2 grosses tomates (2,50 francs - 0,38 €)
- huile d'olive (17,95 francs la bouteille - 2,73 €)
- herbes de Provence (3,25 francs le flacon - 0,49 €)
- sel et poivre

Coût total de la recette : *38,05 francs - environ 5,80 €*

Matériel

1 couteau - 1 feuille de papier aluminium

---

1. Diviser la baguette en deux et couper chaque demie-baguette dans le sens de la longueur de manière à obtenir 4 longues tartines.
2. Couper la mozzarella en tranches les plus fines possibles.
3. Laver et couper les tomates en tranches.
4. Disposer une rangée de tomates, puis une rangée de mozzarella sur chaque tartine.
5. Saler, poivrer, parsemer d'herbes de Provence et arroser d'un mince filet d'huile d'olive.
6. Placer sur la grille du four recouverte d'une feuille de papier aluminium et faire gratiner une dizaine de minutes.

Toasts aux champignons

Ingrédients

- 4 tranches de pain de mie (3,50 francs le paquet - 0,53 €)
- 400 g de champignons de Paris (5 francs - 0,76 €)
- 4 cuillères à soupe de crème fraîche (3,45 francs le petit pot - 0,52 €)
- 50 g de gruyère râpé (6,95 francs le sachet - 1,06 €)
- sel et poivre
- beurre ou margarine

***Coût total de la recette :** 18,90 francs - environ 2,88 €*

Matériel

1 poêle - 1 plat allant au four

---

1. Retirer la base du pied terreux des champignons, les éplucher et les laver, puis les couper en fines lamelles.
2. Les faire sauter à la poêle, puis les mélanger à la crème fraîche.
3. Saler et poivrer.
4. Placer les tranches de pain de mie dans un moule soigneusement graissé et les napper du mélange champignons-crème fraîche.
5. Recouvrir du gruyère râpé et faire gratiner une dizaine de minutes à four chaud (th. 8).

2. Les plats à base de poisson

Cabillaud à la florentine

Ingrédients

- 4 morceaux de cabillaud (36,90 francs les 4 morceaux de cabillaud surgelés - 5,62 €)
- 1 sachet de sauce béchamel (4,10 francs - 0,62 €)
- 1 sachet de gruyère râpé (6,95 francs - 1,06 €)
- 1 grosse boîte d'épinards hachés (5,80 francs - 0,88 €)
- sel et poivre
- beurre ou margarine

Coût total de la recette : *53,75 francs - environ 8,19 €*

Matériel

1 poêle - 1 casserole - 1 plat allant au four

1. Dans une poêle, faire cuire les morceaux de cabillaud (3 à 4 minutes de chaque côté).
2. Préparer la béchamel. Saler et poivrer.
3. Dans un plat à gratin, soigneusement graissé, disposer une mince couche d'épinards et y poser le poisson.
4. Recouvrir du reste d'épinards mélangé à la béchamel, puis du gruyère râpé.
5. Faire gratiner une dizaine de minutes à four chaud.

Cabillaud meunière

Ingrédients

- 4 morceaux de cabillaud (36,90 francs les 4 morceaux de cabillaud surgelés - 5,62 €)
- 250 g de beurre (6,25 francs la plaquette - 0,95 €)
- farine (3,95 francs le paquet - 0,60 €)
- sel et poivre

Coût total de la recette : *47,10 francs - environ 7,18 €*

Matériel

1 poêle - 1 casserole - 1 plat pour la présentation

---

1. Fariner légèrement les morceaux de cabillaud.
2. Faire fondre 100 g de beurre dans une poêle et y placer le poisson fariné.
3. Laisser cuire à feu moyen 5 minutes de chaque côté.
4. Saler et égoutter.
5. Placer les morceaux de cabillaud dans un plat.
6. Dans une casserole, chauffer les 150 g de beurre restant.
7. Lorsqu'il « mousse », le verser sur le poisson.

Bon à savoir : le cabillaud peut se remplacer par un autre poisson.

Colin aux endives

Ingrédients

- 4 filets de colin (13,95 francs en surgelés - 2,13 €)
- 4 grosses endives (12,90 francs le sachet de 1 kg - 1,97 €)
- 1 sachet de gruyère râpé (6,95 francs - 1,06 €)
- 1 sachet de sauce béchamel (4,10 francs - 0,62 €)
- 1 cube de bouillon d'herbes (10,80 francs le paquet - 1,65 €)
- sel et poivre
- beurre ou margarine

Coût total de la recette : *48,70 francs - environ 7,42 €*

Matériel

1 poêle - 2 casseroles - 1 saladier - 1 plat à gratin

---

1. Laver les endives, en ôter le trognon et les couper en deux dans le sens de la longueur.
2. Faire fondre le beurre dans une poêle et y faire cuire les endives à feu doux pendant 1/2 h en les retournant à mi-cuisson. Saler et poivrer.
3. Pendant ce temps, préparer la béchamel.
4. Dans une casserole, dissoudre le cube de bouillon dans 1 litre d'eau bouillante.
5. Faire cuire le poisson dans ce bouillon pendant 5 minutes (le liquide doit rester frémissant).
6. Hors du feu, ajouter la moitié du gruyère râpé à la sauce béchamel.
7. Saler et poivrer.
8. Dans un plat à gratin, disposer les endives, puis le poisson égoutté.
9. Recouvrir de béchamel, puis du restant de fromage râpé.
10. Faire gratiner au four préalablement chauffé, pendant 5 à 10 minutes.

Colin aux poivrons

Ingrédients

- 4 filets de colin (13,95 francs les 4 filets de colin surgelés - 2,13 €)
- 1 gousse d'ail (12,90 francs le filet de 500 g - 1,97 €)
- 1 échalote (12,90 francs le filet de 500 g - 1,97 €)
- 1 oignon (1 franc - 0,15 €)
- 2 poivrons rouges (3,60 francs - 0,55 €)
- 2 poivrons jaunes (3,80 francs - 0,58 €)
- 1 cuillère à soupe d'huile d'olive (17,95 francs la bouteille - 2,74 €)
- 1 pincée d'herbes de Provence (3,25 francs le flacon - 0,49 €)
- sel et poivre

***Coût total de la recette :** 69,35 francs - environ 10,57 €*

Matériel

1 poêle et son couvercle

---

1. Couper les poivrons en fines lanières et les jeter dans l'huile d'olive bouillante avec l'ail, l'oignon et l'échalote coupés en petits morceaux.
2. Assaisonner, couvrir et laisser cuire à feu doux pendant une dizaine de minutes.
3. Lorsque les légumes sont ramollis, ajouter le poisson et le faire dorer 5 minutes de chaque côté.

Darnes de saumon aux légumes

Ingrédients

- 4 darnes de saumon (14,95 francs le sachet de surgelés - 2,28 €)
- 4 carottes (2,80 francs - 0,43 €)
- 100 g de champignons de Paris (2 francs - 0,30 €)
- sel et poivre
- beurre ou margarine

Coût total de la recette : *19,75 francs - environ 3,01 €*

Matériel

1 casserole - 1 poéle - 4 feuilles de papier aluminium

---

1. Faire dorer les champignons à la poêle.
2. Eplucher et couper les carottes en gros morceaux et les faire cuire dans une casserole remplie d'eau bouillante jusqu'à ce qu'elles commencent à devenir tendres.
3. Placer les darnes de saumon au centre des feuilles de papier aluminium et en relever les bords de façon à former les papillotes.
4. Répartir les légumes sur le poisson. Saler et poivrer.
5. Fermer les papillotes et faire cuire à four chaud une vingtaine de minutes.

Feuilleté au crabe

Ingrédients

- 2 boîtes de chair de crabe (7,95 francs la boîte - 1,21 €, soit : 15,90 francs - 2,42 €)
- 2 rouleaux de pâte feuilletée (4,95 francs le rouleau - 0,75 €, soit : 9,90 francs - 1,51 €)
- 5 échalotes (12,90 francs le filet de 500 g - 1,97 €)
- 3 cuillères à soupe de chapelure (2,25 francs le paquet - 0,34 €)
- 1 cuillère à café de ciboulette (7,90 francs la boîte de ciboulette hachée surgelée - 1,20 €)
- 3 œufs (5,95 francs la boîte de 6 - 0,91 €)
- le jus d'un demi citron (1,90 franc le citron - 0,29 €)
- sel et poivre

Coût total de la recette : *56,70 francs - environ 8,64 €*

Matériel

1 moule à tarte - 1 saladier

---

1. Dans un saladier, mélanger la chair de crabe avec les échalotes coupées en petits morceaux, 2 œufs battus en omelette, la ciboulette, le jus de citron et la chapelure.
2. Saler et poivrer.
3. Garnir le moule à tarte de l'un des rouleaux de pâte feuilletée. Piquer la pâte à l'aide d'une fourchette et y verser la préparation.
4. Recouvrir du deuxième rouleau de pâte feuilletée.
5. Battre un jaune d'œuf et l'étaler sur la pâte (en y trempant un morceau de papier absorbant, ou mieux, un pinceau).
6. Faire cuire 45 minutes à four moyen (th. 6).

Lotte à l'armoricaine

Ingrédients
- 1 boîte de sauce à l'armoricaine (5,90 francs - 0,90 €)
- 4 tronçons (filet ou queue) de lotte (39,90 francs - 6,08 €)
- 1 gros oignon (1 franc - 0,15 €)
- 4 belles échalotes (12,90 francs le filet - 1,97 €)
- thym (3,25 francs le flacon - 0,49 €)
- 15 cl de vin blanc (6,95 francs la bouteille de Gros Plant - 1,06 €)
- 1 cuillère à soupe de crème fraîche (3,45 francs le pot - 0,52 €)
- sel et poivre
- beurre ou margarine

***Coût total de la recette :** 73,35 francs - environ 11,18 €*

Matériel
1 poêle - 1 plat allant au four

---

1. Faire cuire les tronçons de lotte dans une poêle, jusqu'à obtenir une légère coloration.
2. Ajouter les échalotes et l'oignon coupés le plus finement possible, puis le thym, et faire revenir l'ensemble pendant environ 1mn.
3. Ajouter le vin blanc, le sel et le poivre et continuer la cuisson pendant une dizaine de minutes.
4. Sortir les tronçons de lotte et les placer dans un plat.
5. Verser le contenu de la boîte de sauce à l'armoricaine et la crème fraîche dans la poêle et faire bouillir vivement jusqu'à obtenir une bonne consistance.
6. Napper la lotte de cette sauce et servir.

Papillotes de colin au curry

Ingrédients

- 4 filets de colin (13,95 francs les 4 filets de colin surgelés - 2,13 €)
- 4 grosses carottes (2,80 francs - 0,43 €)
- 2 cuillères à café de curry (3,25 francs le flacon - 0,49 €)
- sel et poivre

Coût total de la recette : *20 francs - environ 3,05 €*

Matériel

1 casserole - 4 feuilles de papier aluminium

---

1. Peler et couper les carottes en grosses rondelles.
2. Les faire cuire une trentaine de minutes dans une casserole remplie d'eau bouillante salée, puis les égoutter et les laisser refroidir.
3. Placer chaque filet de colin au milieu d'une feuille de papier aluminium. En relever les bords de manière à former les papillotes.
4. Répartir les rondelles de carottes sur le poisson.
5. Saler, poivrer et saupoudrer d'une demie cuillère à café de curry.
6. Fermer les papillotes et faire cuire une quinzaine de minutes à four chaud (th. 8).

Papillotes de saumon à la provençale

Ingrédients

- 4 darnes de saumon (14,95 francs le sachet en surgelés - 2,28 €)
- 2 grosses tomates (2,50 francs - 0,38 €)
- 2 petites échalotes (12,90 francs le filet de 500 g - 1,97 €)
- 4 cuillères à soupe de vin blanc (6,95 francs la bouteille de Gros plant - 0,49 €)
- herbes de Provence (3,25 francs le flacon - 0,49 €)
- sel et poivre

Coût total de la recette : *40,55 francs - environ 6,18 €*

Matériel

4 grandes feuilles de papier aluminium

---

1. Disposer les darnes au centre de chaque feuille de papier aluminium.
2. Y répartir les tomates coupées en rondelles et les échalotes finement hachées.
3. Saler, poivrer et parsemer d'herbes de Provence.
4. Remonter et sceller les feuilles de papier aluminium de chaque côté de manière à former les papillotes.
5. Verser 1 cuillère à soupe de vin blanc sur chaque darne.
6. Fermer les papillotes et laisser cuire une dizaine de minutes (th. 7-8).

Saumon à l'estragon

Ingrédients

• 4 pavés de saumon (23,50 francs les deux pavés - 3,58 €, soit : 47 francs - 7,16 €)
• 1 pot de crème fraîche (3,45 francs - 0,52 €)
• 2 grosses cuillères à café d'estragon (9,90 francs le paquet d'estragon haché surgelé - 1,51 €)
• sel et poivre

***Coût total de la recette :** 60,35 francs - environ 9,20 €*

Matériel

2 casseroles ou 1 poêle et 1 casserole

---

1. Faire cuire les pavés de saumon (une dizaine de minutes dans une casserole remplie d'eau bouillante si les pavés sont présentés congelés dans des emballages plastiques individuels ou cinq minutes de chaque côté dans une poêle).
2. Faire chauffer la crème à feu doux dans une casserole avec l'estragon (encore congelé s'il est surgelé) le sel et le poivre.
3. Napper les pavés de la sauce ainsi obtenue soit dans un plat, soit directement dans chaque assiette.

Steaks de saumon

Ingrédients

- 2 boîtes de miettes de saumon (7,95 francs la boîte - 1,21 €, soit : 15,90 - 2,42 €)
- 2 grosses cuillère à soupe de fromage frais, type faisselle (6,95 francs - 1,06 €)
- 1 oignon (1 franc - 0,15 €)
- 1 tomate (1,25 franc - 0,19 €)
- 1 œuf (5,95 francs - 0,91 €)
- 1 citron (1,90 franc - 0,29 €)
- 1 pincée d'estragon (9,90 francs la boîte d'estragon hachés surgelé - 1,51 €)
- sel et poivre
- beurre ou margarine

Coût total de la recette : *42,85 francs - environ 6,53 €*

Matériel

1 saladier - 1 bol - 1 poêle - 1 feuille de film plastique

---

1. Egoutter soigneusement le fromage.
2. Le mélanger au saumon égoutté, à l'oignon et à la tomate coupés en petits morceaux.
3. Saler, légèrement, poivrer, ajouter une pincée d'estragon et arroser d'un filet de jus de citron.
4. Dans un bol, battre l'œuf en omelette et l'incorporer délicatement à la préparation.
5. Bien mélanger l'ensemble, recouvrir le saladier d'un film plastique et le placer une trentaine de minutes au réfrigérateur.
6. Former ensuite des steaks et les faire griller à la poêle 5 minutes de chaque côté.

Thon à la provençale

Ingrédients

- 1 boîte de thon (4,75 francs - 0,72 €)
- 1 boîte de tomates pelées (1,95 franc - 0,30 €)
- 1 oignon (1 franc - 0,15 €)
- 1 échalote (12,90 francs le filet de 500 g - 1,97 €)
- 1 pincée d'herbes de Provence (3,25 francs le flacon - 0,49 €)
- 1 cuillère à soupe d'huile d'olive (17,95 francs la bouteille - 2,73 €)

***Coût total de la recette :** 41,80 francs - environ 6,37 €*

Matériel

1 poêle

---

1. Faire chauffer l'huile d'olive dans une poêle.
2. Y faire revenir l'oignon et l'échalote coupés en petits morceaux.
3. Lorsqu'ils commencent à être dorés, ajouter le thon, puis verser le contenu de la boîte de tomates.
4. Assaisonner et laisser cuire à feu moyen pendant une dizaine de minutes.

Brochettes de dinde à l'ananas

Ingrédients

• 4 escalopes (ou blancs) de dinde (12 francs - 1,83 € les 2 escalopes, soit : 24 francs - 3,66 €)
• 1 petite boîte d'ananas au sirop (4,95 francs - 0,75 €)
• quelques tranches de bacon (9,95 francs les 10 tranches - 1,52 €)
• sel et poivre
• huile ou margarine

Coût total de la recette : *38,90 francs - environ 5,93 €*

Matériel

1 poêle - des piques

1. Découper la viande en petits morceaux.
2. Egoutter la boîte d'ananas et couper les fruits en morceaux.
3. Couper les tranches de bacon en lanière et rouler chaque lanière sur elle-même.
4. Intercaler chaque aliment sur les brochettes et les faire cuire à la poêle une dizaine de minutes en les retournant plusieurs fois.

Côtes de porc à l'ananas

Ingrédients

• 4 côtes de porc (8,20 francs - 1,25 € les 2 côtes de porc, soit : 16,40 francs - 2,50 €)
• 1 oignon (1 franc - 0,15 €)
• 1 gousse d'ail (12,90 francs le filet de 500 g - 1,97 €)
• 4 cuillères à soupe d'huile (5,95 francs la bouteille d'huile de tournesol - 0,91 €)
• 2 cuillères à café de vinaigre (3,85 francs - 0,59 € la bouteille de vinaigre de vin)
• 1 boîte d'ananas (ou un ananas frais) (4,95 francs la boîte d'ananas au sirop - 0,75 €)
• sel et poivre

***Coût total de la recette :** 45,05 francs - environ 6,87 €*

Matériel

1 poêle

1. Faire dorer les côtes de porc dans l'huile chaude, puis les retirer du feu.
2. Dans la même poêle, faire revenir l'oignon et l'ail épluchés et émincés.
3. Couper l'ananas en morceaux (après l'avoir soigneusement égoutté s'il s'agit d'ananas en boîte) et l'ajouter au mélange ail-oignon.
4. Verser le vinaigre, saler, poivrer, mélanger et laisser cuire quelques instants.
5. Poser les côtes de porc par-dessus et laisser mijoter une trentaine de minutes en arrosant d'un peu d'eau en cours de cuisson.

Escalopes au bacon

Ingrédients

- 4 escalopes ou blancs de dinde ou de poulet ou 4 escalopes de veau (11 francs les deux escalopes de poulet - 1,68 €, soit : 22 francs - 3,35 €).
- 1 œuf (5,95 francs la boîte de 6 - 0,91 €)
- 4 tranches de fromage fondu (ou de gruyère) (5,45 francs le sachet de 10 tranches - 0,83 €)
- 4 tranches de bacon (9,95 francs le sachet de 10 tranches - 1,52 €)
- chapelure (2,25 francs le paquet - 0,34 €).
- sel et poivre
- beurre ou margarine

Coût total de la recette : *45,60 francs - environ 6,95 €*

Matériel

1 poêle - 1 bol - 1 assiette

---

1. Battre l'œuf en omelette dans un bol.
2. Disposer la chapelure dans une assiette.
3. Recouvrir chaque escalope d'une tranche de bacon, puis d'une tranche de fromage, enduire l'ensemble d'œuf battu et le passer dans la chapelure.
4. Faire griller dans une poêle à feu doux. Saler et poivrer.

Bon à savoir : le bacon peut être remplacé par du jambon.

Gratin d'escalopes

Ingrédients

• 4 escalopes (11 francs les 2 escalopes de poulet - 1,68 €, soit : 22 francs - 3,35 €)

• 2 tranches de jambon (7,80 francs - 1,19 €)

• 1 petit sachet de gruyère râpé (6,95 francs - 1,06 €)

• 1 œuf (5,95 francs la boîte de 6 - 0,91 €)

• 2 cuillères à soupe de crème fraîche (3,45 francs le petit pot - 0,53 €)

• sel et poivre

• beurre ou margarine

Coût total de la recette : *46,15 francs - environ 7,03 €*

Matériel

1 poêle - 1 bol - 1 plat allant au four

---

1. Faire dorer les escalopes à la poêle.
2. Dans un bol, battre l'œuf en omelette et le mélanger au gruyère râpé et à la crème fraîche.
3. Couper les tranches de jambon en deux.
4. Disposer les escalopes dans un plat soigneusement graissé et les recouvrir d'une demie-tranche de jambon chacune.
5. Napper du mélange œuf-crème-gruyère et faire gratiner une dizaine de minutes à four chaud (th. 7-8).

Hachis parmentier express

Ingrédients

- 4 steaks hachés (9,95 francs les 4 steaks hachés surgelés - 1,52 €)
- 1 sachet et demi à 2 sachets de purée de pomme de terre en flocons (4,95 francs le paquet de 4 sachets - 0,75 €)
- 1 sachet de gruyère râpé (6,95 francs - 1,06 €).
- lait (2,90 francs la brique - 0,44 €)
- sel et poivre
- beurre ou margarine

***Coût total de la recette :** 24,75 francs - environ 3,77 €*

Matériel

1 casserole - 1 poêle - 1 plat allant au four

---

1. Faire fondre la graisse dans une poêle et y faire cuire les steaks hachés en les coupant en très petits morceaux.
2. Préparer la purée comme indiqué sur la boîte.
3. Lorsque la viande est cuite, la mélanger dans le plat avec la purée et la moitié du fromage râpé. Saler, poivrer, mélanger et recouvrir avec le gruyère râpé restant.
4. Faire cuire à four chaud (th. 6-7) une dizaine de minutes (le hachis doit être gratiné).

Hamburgers œufs à cheval

Ingrédients

- 4 steaks hachés (9,95 francs les 4 steaks hachés surgelés - 1,52 €)
- 4 œufs (5,95 francs la boîte de 6 - 0,91 €)
- sel et poivre
- beurre ou margarine

Coût total de la recette : *15,90 francs - environ 2,42 €*

Matériel

2 poêles

---

1. Faire fondre la graisse dans une poêle et y placer les steaks préalablement décongelés s'il s'agit de steaks hachés surgelés.
2. Lorsqu'ils sont presque cuits, baisser le feu et faire cuire les œufs sur le plat dans l'autre poêle.
3. Saler et poivrer les œufs en cours de cuisson puis les disposer chacun sur un steak.

Nuggets de poulet

Ingrédients

- 4 escalopes ou blancs de poulet (ou de dinde) (11 francs les 2 escalopes de poulet - 1,68 €, soit : 22 francs - 3,35 €)
- 1 œuf (5,95 francs la boîte de 6 - 0,91 €)
- quelques cuillères à soupe de chapelure (2,25 francs le paquet - 0,34 €)
- sel et poivre
- beurre ou margarine

Coût total de la recette : *30,20 francs - environ 4,60 €*

Matériel

1 bol - 1 assiette plate - 1 poêle

---

1. Battre 1 jaune d'œuf en omelette dans un bol.
2. Recouvrir le fond d'une assiette de chapelure.
3. Couper la viande en lanières ou en morceaux.
4. Tremper chaque morceau (ou lanière) de viande dans l'œuf battu puis le rouler dans la chapelure.
5. Les faire griller dans une poêle à feu doux. Saler et poivrer.

Poulet sucré-salé

Ingrédients

- 4 escalopes (ou blancs) de poulet (11 francs les 2 escalopes de poulet - 1,68 €, soit : 22 francs - 3,35 €)
- 1 petite boîte d'ananas au sirop (4,95 francs - 0,75 €)
- 1 kg de carottes (6,95 francs - 1,06 €)
- 1 cuillère à soupe de curry (3,25 francs le flacon - 0,49 €)
- huile d'olive (17,95 francs la bouteille - 2,74 €)
- sel et poivre

Coût total de la recette : *55,10 francs - environ 8,40 €*

Matériel

1 sauteuse ou 1 grande poêle - 1 râpe

---

1. Laver, éplucher et râper les carottes.
2. Couper le poulet en petits morceaux et le faire cuire dans l'huile d'olive avec les carottes.
3. Lorsque les carottes commencent à « fondre », ajouter le curry, saler et poivrer.
4. Laisser cuire doucement en arrosant souvent.
5. Ajouter les ananas soigneusement égouttés et coupés en petits morceaux dix minutes environ avant la fin de la cuisson.

Roulé de dinde aux pruneaux

Ingrédients

- 1 roulé de dinde (22,40 francs - 3,41 €)
- 1/2 sachet de pruneaux (16,90 francs le sachet de 1 kg - 2,58 €)
- 1 paquet de lardons (5,95 francs - 0,91 €)
- sel et poivre
- eau
- beurre ou margarine

Coût total de la recette : *45,25 francs - environ 6,90 €*

Matériel

1 plat allant au four - 1 poêle

---

1. Faire dorer légèrement les lardons dans une poêle.
2. Dénoyauter les pruneaux.
3. Disposer le roulé de dinde dans un plat allant au four préalablement beurré ou enduit de margarine.
4. Faire cuire à feu moyen (th. 5-6) une quinzaine de minutes. Sortir le plat du four, retourner la viande et disposer les pruneaux tout autour.
5. Remettre au four et arroser régulièrement et légèrement la viande (à l'aide d'un verre d'eau) tout au long de la cuisson pour éviter qu'elle ne se dessèche.
6. Lorsque le roulé commence à être rôti, ajouter les lardons et remettre au four entre 5 et 10 minutes.

Steaks au fromage

Ingrédients

- 4 steaks hachés (9,95 francs les 4 steaks hachés surgelés - 1,52 €)
- 4 tranches de fromage fondu (5,45 francs le sachet de 10 tranches - 0,83 €)
- sel et poivre
- beurre ou margarine

Coût total de la recette : *15,40 francs - environ 2,35 €*

Matériel

1 poêle

---

1. Couper les steaks (préalablement décongelés s'il s'agit de steaks hachés surgelés) en deux dans le sens de la longueur.
2. Disposer une tranche de fromage sur l'une des moitiés puis recouvrir avec l'autre moitié.
3. Bien sceller les deux moitiés de viande avec les doigts.
4. Faire fondre une noisette de graisse dans une poêle et y faire dorer les steaks.
5. Saler et poivrer en cours de cuisson.

Bon à savoir : le fromage fondu peut se remplacer par des tranches de gruyère.

Veau provençal

Ingrédients
• 4 escalopes de veau (21 francs les deux escalopes - 3,20 €, soit : 42 francs - 6,40 €)
• 1 gousse d'ail (12,90 francs le filet de 500 g - 1,97 €)
• une boîte de tomates pelées (1,95 franc - 0,30 €)
• 1 verre de vin blanc (6,95 francs la bouteille de Gros Plant - 1,06 €)
• quelques olives noires (2,55 francs le sachet - 0,39 €)
• huile d'olive (17,95 francs la bouteille - 2,74 €)
• herbes de Provence (3,25 francs le flacon - 0,49 €)
• sel et poivre

Coût total de la recette : *87,55 francs - environ 13,35 €*

Matériel
1 sauteuse ou une poêle et une grande casserole

---

1. Découper la viande en morceaux et la faire dorer dans deux cuillères à soupe d'huile d'olive.
2. Verser ensuite le vin blanc (ou si vous ne possédez pas de sauteuse, verser le contenu de la poêle dans une casserole et ajouter le vin blanc).
3. Ajouter l'ail, les tomates épépinées et épluchées (ou le contenu de la boîte de tomates) ainsi que les olives dénoyautées.
4. Saler, poivrer et saupoudrer légèrement d'herbes de Provence.
5. Laisser cuire à feu doux une quinzaine de minutes.

Bon à savoir : le veau peut être remplacé par du poulet ou de la dinde.

4. Les plats à base de légumes, pâtes , pommes de terre et riz

Les légumes

Carottes à la crème

Ingrédients

• 1 dizaine de carottes (soit 1 kg = 6,95 francs - 1,06 €)
• 1 briquette de crème liquide ou un petit pot de crème fraîche (2,95 francs la briquette de crème liquide - 0,45 €)
• sel et poivre
• beurre ou margarine

***Coût total de la recette :** 9,90 francs - 1,51 € environ*

Matériel

1 casserole - 1 poêle - 1 passoire (ou une assiette que l'on retournera sur la casserole au moment d'égoutter)

---

1. Eplucher les carottes et les couper en rondelles.
2. Les faire cuire dans une casserole remplie d'eau bouillante salée pendant quarante minutes environ.
3. Faire fondre la graisse dans une poêle.
4. Egoutter les carottes et les faire légèrement dorer dans la poêle.
5. Verser la crème, saler poivrer et faire chauffer à feu doux (la crème ne doit pas bouillir).

Chaussons aux champignons

Ingrédients

- 2 rouleaux de pâte feuilletée (4,95 francs le rouleau - 0,75 €, soit : 9,90 francs - 1,51 €)
- 1 petite boîte de champignons de Paris (3,90 francs - 0,59 €)
- 1 petit bol de sauce béchamel épaisse (4,10 francs le sachet - 0,62 €)
- 1 œuf (5,95 francs la boîte de 6 - 0,91 €)
- sel et poivre

Coût total de la recette : *23,85 francs - environ 3,64 €*

Matériel

1 casserole - 1 verre type verre à whisky - 1 saladier - 1 feuille de papier absorbant

---

1. Préparer une béchamel épaisse.
2. Y mélanger les champignons coupés en petits morceaux (s'il s'agit de champignons frais, les faire préalablement revenir à la poêle avec un peu de beurre). Saler et poivrer.
3. Dérouler la pâte et découper de petits ronds à l'aide du verre.
4. Au milieu des petits cercles ainsi obtenus, déposer une grosse cuillère à café du mélange champignons-béchamel.
5. Replier chaque cercle sur lui-même et en sceller les deux moitiés (en humectant les bords à l'aide d'un papier absorbant, ou mieux d'un pinceau- trempé dans l'eau).
6. Dorer la partie supérieure des chaussons à l'aide d'une feuille de papier absorbant pliée en quatre (ou mieux, d'un pinceau) et trempée dans le jaune d'œuf battu.
7. Les faire cuire à four chaud une quinzaine de minutes.

Courgettes au chèvre

Ingrédients

- 3 grosses courgettes (4,80 francs - 0,73 €)
- 1 fromage de chèvre (13,40 francs le bloc - 2,04 €)
- 1 petit pot de crème fraîche (3,45 francs - 0,52 €)
- sel et poivre
- beurre ou margarine

***Coût total de la recette :** 21,65 francs - environ 3,30 €*

Matériel

1 casserole - 1 saladier - 1 plat allant au four - 1 feuille de papier absorbant pliée en 4 pour le graissage du moule

---

1. Laver et couper les courgettes en rondelles.
2. Les faire cuire dans une casserole remplie d'eau bouillante, jusqu'à ce qu'elles aient ramolli.
3. Dans un saladier, écraser le fromage à l'aide d'une fourchette et le mélanger délicatement à la crème fraîche.
4. Poivrer et saler légèrement.
5. Disposer les courgettes dans le plat soigneusement graissé et recouvrir du mélange fromage-crème fraîche.
6. Faire gratiner une dizaine de minutes à four chaud.

Courgettes farcies

Ingrédients

• 4 grosses courgettes (1,60 francs la courgette - 0,24 €, soit : 6,40 francs - 0,97 €)
• 2 steaks hachés (9,95 francs les 4 steaks hachés surgelés - 1,52 €)
• 1 demi-verre (ou un demi sachet) de riz (3,95 francs le paquet de 4 sachets - 0,60 €)
• 1 œuf (5,95 francs la boîte de 6 - 0,91 €)
• 1 boîte de sauce tomate (3,95 francs - 0,60 €)
• herbes de Provence (3,25 francs le flacon - 0,49 €)
• huile d'olive (17,95 francs la bouteille - 2,74 €)
• sel et poivre

Coût total de la recette : *51,40 francs - environ 7,83 €*

Matériel

1 casserole - 1 poêle - 1 saladier - 1 plat allant au four

---

1. Faire cuire les courgettes 5 minutes à l'eau bouillante salée.
2. Les couper en deux dans le sens de la longueur et vider chaque moitié de ses graines.
3. Les disposer dans le plat à gratin.
4. Faire cuire le riz et la viande coupée en très petits morceaux.
5. Dans un saladier, battre l'œuf en omelette, puis ajouter la viande et le riz refroidis.
6. Saler, poivrer et bien mélanger.
7. Remplir chaque moitié de courgette avec cette farce.
8. Recouvrir de sauce tomate.
9. Faire cuire à four moyen une quarantaine de minutes (les courgettes ne doivent plus être dures).

Endives au jambon

Ingrédients

- 4 endives (12,90 francs le sachet de 1 kg - 1,97 €)
- 4 tranches de jambon (7,80 francs le sachet de 2 tranches - 1,19 €, soit : 15,60 francs - 2,38 €)
- 1 petit sachet de gruyère râpé (6,95 francs - 1,06 €)
- poivre
- beurre

***Coût total de la recette :** 35,45 francs - environ 5,40 €*

Matériel

1 casserole - 1 plat allant au four - 8 feuilles de papier absorbant

---

1. Laver et éplucher les endives.
2. Les faire cuire 1/2 h dans une casserole remplie d'eau bouillante salée.
3. Les faire égoutter sur du papier absorbant.
4. Enrouler une demie-tranche de jambon autour de chaque endive, puis placer l'ensemble dans un plat à gratin préalablement beurré (l'ouverture du jambon doit se trouver dans le fond du plat).
5. Poivrer puis recouvrir de gruyère râpé.
6. Disposer une noisette de beurre au-dessus de chaque endive et faire gratiner une dizaine de minutes à four chaud.

Feuilletés aux épinards

Ingrédients

- 2 rouleaux de pâte feuilletée (4,95 francs le rouleau - 0,75 €, soit : 9,90 francs - 1,51 €)
- quelques cuillères à soupe d'épinards hachés (5,80 francs la boîte - 0,88 €)
- 3 cuillères à soupe de gruyère râpé (6,95 francs le sachet - 1,06 €)
- 3 jaunes d'œuf (5,95 francs la boîte de 6 - 0,91 €)
- sel et poivre

***Coût total de la recette :** 28,60 francs - environ 4,36 €*

Matériel

1 casserole - 1 verre type verre à whisky - 1 saladier - 1 feuille de papier absorbant

---

1. Egoutter soigneusement les épinards.
2. Dans un saladier, battre deux jaunes d'œuf et les mélanger au gruyère râpé, puis aux épinards.
3. Saler et poivrer.
4. Dérouler la pâte et découper de petits ronds à l'aide du verre.
5. Placer l'équivalent de deux cuillères à café du mélange épinards-œufs-gruyère au milieu de la moitié des cercles de pâtes.
6. Les recouvrir des cercles de pâte restants et sceller les bords.
7. Dorer la partie supérieure des feuilletés à l'aide d'une feuille de papier absorbant pliée en quatre (ou mieux : d'un pinceau) trempée dans un jaune d'œuf battu.
8. Piquer et faire cuire les feuilletés une vingtaine de minutes à four chaud.

Galette aux poireaux

Ingrédients

- 200 g de farine (3,95 le paquet - 0,60 €)
- 4 œufs (5,95 francs la boîte de 6 - 0,91 €)
- 1/2 litre de lait (2,90 francs la brique - 0,44 €)
- 6 gros poireaux (22,50 francs - 3,43 €)
- 1 oignon (1 franc - 0,15 €)
- sel et poivre
- beurre ou margarine

Coût total de la recette : *36,30 francs - environ 5,53 €*

Matériel

1 plat allant au four (ou un moule à tarte) - 1 poêle

---

1. Laver soigneusement les poireaux et les couper en petits morceaux.
2. Les faire revenir à la poêle avec l'oignon coupé en fines lamelles.
3. Dans un saladier, mélanger la farine, les œufs, puis le lait.
4. Saler et poivrer.
5. Disposer les poireaux et l'oignon refroidis dans un moule soigneusement graissé.
6. Verser dessus la préparation et laisser cuire une cinquantaine de minutes à four moyen.

Gratin d'aubergines à la viande

Ingrédients

- 4 grosses aubergines (4,40 francs l'aubergine - 0,67 €, soit : 17,60 francs - 2,68 €)
- 5 courgettes (7,95 francs - 1,21 €)
- 3 oignons (3 francs - 0,46 €)
- 4 steaks hachés (9,95 francs les 4 steaks hachés surgelés - 1,52 €)
- 1 boîte de sauce tomate (3,95 francs - 0,60 €)
- 1 sachet de gruyère râpé (6,95 francs - 1,06 €)
- herbes de Provence (3,25 francs le flacon - 0,49 €)
- huile d'olive (17,95 francs la bouteille - 2,74 €)
- sel et poivre

Coût total de la recette : *70,60 francs - environ 10,76 €*

Matériel

2 poêles - 1 plat allant au four

---

1. Couper les aubergines en lamelles et les courgettes en rondelles.
2. Les faire griller dans une poêle avec de l'huile d'olive.
3. Couper les oignons en morceaux et les faire cuire dans l'autre poêle avec les steaks hachés coupés en petits morceaux.
4. Lorsque tout est cuit, mélanger les légumes avec la viande et les oignons dans le plat à gratin.
5. Assaisonner et recouvrir de sauce tomate.
6. Mélanger à nouveau et parsemer de gruyère râpé.
7. Faire cuire à four chaud une vingtaine de minutes (le fromage doit être gratiné).

Gratin de chou-fleur

Ingrédients

- 1 chou-fleur (15,90 francs - 2,42 €)
- 1 petit sachet de gruyère râpé (6,95 francs - 1,06 €)
- 1 petit pot de crème fraîche (3,45 francs - 0,53 €)
- sel et poivre
- beurre ou margarine.

Coût total de la recette : *26,30 francs - environ 4,01 €*

Matériel

1 casserole - 1 plat à gratin

---

1. Laver et couper le chou-fleur en petits bouquets.
2. Le faire cuire dans une casserole remplie d'eau bouillante salée pendant une vingtaine de minutes puis l'égoutter.
3. Mélanger la crème fraîche et le gruyère râpé. Saler. Poivrer.
4. Graisser le plat à gratin et y disposer les bouquets de chou-fleur.
5. Napper du mélange crème-gruyère et faire gratiner au four une trentaine de minutes.

Gratin de chou-fleur et tomates

Ingrédients

- 1 chou-fleur (15,90 francs - 2,42 €)
- 5 tomates (6,25 francs - 0,95 €)
- 4 grosses cuillères à soupe de chapelure (2,25 francs le paquet - 0,34 €)
- 1 petit sachet de parmesan (7,95 francs - 1,21 €)
- sel et poivre
- beurre

Coût total de la recette : *32,35 francs - environ 4,93 €*

Matériel

1 casserole - 1 bol ou 1 petit saladier - 1 plat allant au four

---

1. Laver et couper le chou-fleur en petits bouquets.
2. Le faire cuire dans une casserole remplie d'eau bouillante salée pendant une vingtaine de minutes puis l'égoutter.
3. Laver et couper les tomates en rondelles.
4. Les déposer sur les bouquets de chou-fleur dans un plat à gratin soigneusement beurré.
5. Mélanger le parmesan et la chapelure et en saupoudrer les légumes.
6. Parsemer l'ensemble de quelques noisettes de beurre et faire gratiner au four une trentaine de minutes.

Poivrons au thon

Ingrédients

- 4 poivrons (7,20 francs - 1,10 €)
- 1 oignon (1 franc - 0,15 €)
- 1/2 sachet de riz (soit environ 60 g) (3,95 francs le paquet de 4 sachets - 0,60 €).
- 2 petites boîtes de miettes de thon (ou une grosse) (4,75 francs la petite boîte - 0,72 €, soit : 9,50 francs - 1,45 €)
- 1 boule de mozzarella (9,95 francs - 1,52 €)
- huile d'olive (17,95 francs la bouteille - 2,74 €)
- sel et poivre
- beurre ou margarine

Coût total de la recette : *49,55 francs - environ 7,55 €*

Matériel

1 poêle - 1 casserole - 1 plat allant au four

---

1. Faire cuire le riz dans une casserole.
2. Découper un « chapeau » sur le dessus des poivrons.
3. Les épépiner à l'aide d'un couteau et retirer délicatement les membranes.
4. Dans une poêle, faire chauffer une cuillère à soupe d'huile d'olive et y faire griller l'oignon émincé.
5. Y ajouter ensuite le riz, le thon et la moitié de mozzarella coupée en petits dés. Poivrer et saler très légèrement.
6. Farcir les poivrons de ce mélange et les saupoudrer du reste de mozzarella coupée en petits dés.
7. Placer les poivrons dans un plat allant au four soigneusement graissé et laisser cuire à four moyen (th. 6) pendant 3/4 d'heure environ.

Ratatouille

Ingrédients

- 500 g d'aubergines (8,45 francs - 1,29 €)
- 1 kg de tomates (9,90 francs - 1,51 €)
- 500 g de courgettes (3,90 francs - 0,59 €)
- 2 poivrons verts (1,80 franc le poivron - 0,27 €, soit : 3,60 francs - 0,55 €)
- 3 oignons (3 francs - 0,46 €)
- huile d'olive (17,95 francs la bouteille - 2,74 €)
- herbes de Provence (3,25 francs le flacon - 0,49 €)
- sel et poivre

Coût total de la recette : *50,05 francs - environ 7,63 €*

Matériel

1 sauteuse - 1 grande poêle ou 1 grande casserole

---

1. Laver, éplucher et couper les légumes en fines rondelles puis les mettre à cuire dans l'huile d'olive.
2. Faire cuire à feu vif cinq minutes environ en remuant sans cesse.
3. Assaisonner puis baisser le feu.
4. Laisser cuire à feu doux jusqu'à ce que les légumes soient bien fondants.

Gnocchi au saumon

Ingrédients
- 1 grosse barquette de gnocchi (9,90 francs - 1,51 €)
- 200 g de saumon fumé (16,50 francs - 2,51 €)
- 1 briquette de crème liquide (2,95 francs - 0,45 €)
- 1 sachet de parmesan (7,95 francs - 1,21 €)
- sel et poivre

Coût total de la recette : *37,30 francs - environ 5,69 €*

Matériel
1 casserole - 1 plat allant au four

---

1. Faire cuire les gnocchi dans une casserole d'eau bouillante (les gnocchi sont cuits lorsqu'ils remontent à la surface).
2. Les égoutter et les mélanger dans le plat à gratin avec le saumon coupé en lanières, la crème liquide et la moitié du parmesan.
3. Saler légèrement. Poivrer.
4. Saupoudrer avec le reste du parmesan et faire gratiner à four chaud 5 minutes environ.

Macaroni au thon

Ingrédients
- quelques poignées de macaroni (2,25 francs le paquet de 500 g - 0,34 €)
- 1 boîte de miettes de thon (4,75 francs - 0,72 €)
- 1 petite boîte de champignons (3,90 francs - 0,59 €)
- 1 briquette de crème liquide (2,95 francs - 0,45 €)
- sel et poivre

Coût total de la recette : *13,85 francs - environ 2,11 €*

Matériel
1 casserole

---

1. Faire cuire les pâtes dans une casserole remplie d'eau bouillante salée.
2. Lorsqu'elles sont cuites, les égoutter et les mélanger délicatement au thon émietté et aux champignons coupés en petits morceaux.
3. Assaisonner (en salant très légèrement) et arroser de crème liquide.
4. Mélanger délicatement.

Macaroni aux poireaux

Ingrédients

- quelques poignées de macaroni (2,25 francs le paquet de 500 g - 0,34 €)
- 2 poireaux (7,50 francs - 1,14 €)
- 8 tranches de bacon (9,95 francs le sachet de 10 tranches - 1,52 €)
- 1 briquette de crème liquide (2,95 francs - 0,45 €)
- 1 petit sachet de parmesan (7,95 francs - 1,21 €)
- sel et poivre
- beurre ou margarine

***Coût total de la recette :** 30,60 francs - environ 4,66 €*

Matériel

1 casserole - 1 poêle - 1 passoire (ou une assiette que l'on posera sur la casserole pour égoutter les pâtes) - 1 plat allant au four

---

1. Faire cuire les pâtes « al dente » (elles doivent rester un peu craquantes) dans une casserole remplie d'eau bouillante salée.
2. Laver et couper les poireaux en morceaux.
3. Les faire cuire à la poêle jusqu'à ce qu'ils deviennent tendres.
4. Faire cuire légèrement le bacon à la poêle.
5. Egoutter les pâtes et les placer dans un plat à gratin soigneusement graissé.
6. Les mélanger aux poireaux et au bacon. Saler légèrement et poivrer.
7. Napper de crème liquide et saupoudrer de parmesan.
8. Faire gratiner pendant une vingtaine de minutes.

Nouilles au chorizo

Ingrédients

• quelques poignées de nouilles (2,25 francs le paquet de 500 g - 0,34 €)
• 1 chorizo (9,45 francs - 1,44 €)
• quelques olives vertes (3,95 francs le bocal - 0,60 €)
• 1 petit sachet de gruyère râpé (6,95 francs - 1,06 €)
• huile (5,95 francs la bouteille d'huile de tournesol - 0,91 €)
• sel et poivre

Coût total de la recette : *28,55 francs - environ 4,35 €*

Matériel

1 casserole - 1 plat allant au four - 1 passoire (ou une assiette qui fera office de couvercle)

---

1. Faire cuire les macaronis dans une casserole remplie d'eau bouillante salée avec un filet d'huile.
2. Dénoyauter les olives.
3. Retirer la peau du chorizo et le couper en fines rondelles.
4. Lorsque les pâtes sont cuites, les égoutter, et les mélanger, dans un plat à gratin, aux olives et au chorizo.
5. Saler, poivrer.
6. Recouvrir d'une couche de gruyère râpé et faire gratiner une quinzaine de minutes à four chaud.

Nouilles aux courgettes

Ingrédients

- quelques poignées de nouilles (2,25 francs le paquet de 500 g - 0,34 €)
- 4 courgettes (6,40 francs - 0,97 €)
- 5 tomates (6,25 francs - 0,95 €)
- 1 boule de mozzarella (9,95 francs - 1,52 €)
- herbes de Provence (3,25 francs le flacon - 0,49 €)
- huile d'olive (17,95 francs - 2,73 €)
- sel et poivre

Coût total de la recette : *46,05 francs - environ 7,02 €*

Matériel

1 casserole - 1 poêle - 1 passoire (ou une assiette que l'on posera sur la casserole pour égoutter les pâtes)

---

1. Faire cuire les pâtes dans une casserole remplie d'eau bouillante salée en y ajoutant un filet d'huile d'olive.
2. Laver, épépiner et couper les courgettes en petits morceaux, puis les faire dorer à la poêle avec de l'huile d'olive.
3. Laver, épépiner et couper les tomates en très petits morceaux.
4. Couper la mozzarella en très petits dés.
5. Egoutter les pâtes, puis y ajouter les courgettes, les tomates et la mozzarella.
6. Assaisonner et mélanger avec un filet d'huile d'olive.

Spaghetti à la carbonara

Ingrédients

- quelques poignées de spaghetti (3,90 francs le paquet de 500 g - 0,59 €)
- 1 sachet de lardons (5,95 francs - 0,91 €)
- 2 œufs (5,95 francs la boîte de 6 - 0,91 €)
- 1 petit pot de crème fraîche (3,45 francs - 0,53 €)
- sel et poivre

Coût total de la recette : *19,25 francs - environ 2,93 €*

Matériel

1 casserole - 1 poêle - 1 passoire (ou une assiette que l'on posera sur la casserole pour égoutter les pâtes)

---

1. Faire cuire les pâtes dans une casserole remplie d'eau bouillante salée.
2. Faire dorer les lardons à la poêle.
3. Egoutter les pâtes et les mélanger aux lardons et à la crème.
4. Casser les œufs, séparer les blancs des jaunes et ajouter les deux jaunes aux spaghettis.
5. Poivrer et mélanger en remettant à cuire quelques instants à feu très doux.

Spaghetti bolognaises

Ingrédients

• quelques poignées de spaghetti (3,90 francs le paquet de 500 g - 0,59 €)
• 3 steaks hachés (9,95 francs le paquet de 4 steaks hachés surgelés - 1,52 €)
• 1 oignon (1 franc - 0,15 €)
• 1 grosse boîte de tomates pelées (ou 2 petites boîtes) (1,95 franc - 0,30 € la petite boîte, soit : 3,90 francs - 0,50 €)
• herbes de Provence (3,25 francs le flacon - 0,49 €)
• huile d'olive (17,95 francs la bouteille - 2,74 €)
• sel et poivre

***Coût total de la recette :** 39,95 francs - environ 6,09 €*

Matériel

1 poêle - 1 casserole - 1 passoire (ou une assiette que l'on posera sur la casserole pour égoutter les pâtes)

---

1. Faire cuire les pâtes dans une casserole d'eau bouillante salée en y ajoutant un filet d'huile d'olive.
2. Dans une poêle, faire cuire l'oignon et la viande, coupés le plus finement possible, dans l'huile d'olive.
3. Y ajouter ensuite les tomates coupées en morceaux.
4. Assaisonner et laisser cuire à feu très doux.
5. Egoutter les pâtes et les napper de la sauce bolognaise.

Les pommes de terre

Galette de pommes de terre

Ingrédients

- 4 ou 5 grosses pommes de terre (4,50 francs - 0,69 €)
- 1 œuf (5,95 francs la boîte de 6 - 0,91 €)
- sel et poivre
- beurre ou margarine

Coût total de la recette : *10,45 francs - environ 1,59 €*

Matériel

1 casserole - 1 poêle - 1 bol - 1 saladier

1. Faire cuire les pommes de terre dans une casserole remplie d'eau bouillante.
2. Les éplucher et les écraser dans un saladier à l'aide d'une fourchette.
3. Battre l'œuf en omelette et l'ajouter à la purée de pommes de terre.
4. Saler, poivrer et former une grosse galette.
5. Faire dorer cette galette à feu doux, dans une poêle soigneusement graissée, en la retournant à mi-cuisson.

Pommes de terre au fromage

Ingrédients

- 8 grosses pommes de terre (7,20 francs - 1,10 €)
- 5 tranches de fromage fondu (5,45 francs le sachet de 10 tranches - 0,83 €)
- 2 jaunes d'œuf (5,95 francs la boîte de 6 œufs - 0,91 €)
- 1 grosse cuillère à soupe de crème fraîche (3,45 francs le petit pot - 0,52 €)
- sel et poivre

***Coût total de la recette :** 22,05 francs - environ 3,36 €*

Matériel

1 saladier - 1 assiette - 1 feuille de papier aluminium

---

1. Laver soigneusement les pommes de terre, les piquer à l'aide d'une fourchette et les faire cuire à four moyen (th. 6) jusqu'à ce qu'elles commencent à devenir tendres.
2. Lorsqu'elles sont cuites, les laisser refroidir, puis découper une sorte de « chapeau » dans chacune d'elle.
3. Les vider soigneusement et écraser la chair de trois d'entre elles dans une assiette.
4. Dans un saladier, battre les jaunes d'œuf.
5. Y ajouter la crème fraîche, le fromage coupé en très petits morceaux, puis les pommes de terre écrasées.
6. Saler, poivrer et remplir chaque pomme de terre de cette préparation.
7. Les placer sur la grille du four recouverte d'une feuille de papier aluminium et faire cuire une vingtaine de minutes à four moyen.

Pommes de terre aux anchois

Ingrédients

- 8 pommes de terre (7,20 francs - 1,10 €)
- 1 oignon (1 franc - 0,15 €)
- 2 boîtes de filets d'anchois (8,40 francs la boîte - 1,28 €, soit : 16,80 francs - 2,56 €)
- 2 briquettes de crème liquide (2,95 francs la briquette - 0,45 €, soit : 5,90 francs - 0,90 €)
- sel et poivre
- beurre ou margarine

***Coût total de la recette :** 30,90 francs - environ 4,71 €*

Matériel

1 poêle - 1 plat allant au four

---

1. Eplucher et couper les pommes de terre en fines rondelles.
2. Peler et couper l'oignon en lamelles et le faire dorer à la poêle.
3. Egoutter les anchois.
4. Dans un plat soigneusement graissé, alterner une couche de pommes de terre et une couche d'anchois mélangés à un peu d'oignons. Poivrer et saler légèrement.
5. Terminer par les pommes de terre et arroser de crème liquide.
6. Faire cuire une heure environ à four moyen (th. 6-7) : Tester avec la pointe d'un couteau : les pommes de terre doivent être devenues tendres.

Pommes de terre farcies

Ingrédients

- 8 grosses pommes de terre (7,20 francs - 1,10 €)
- 2 steaks hachés (9,95 francs les 4 steaks hachés surgelés - 1,52 €)
- 1 gros oignon (1 franc - 0,15 €)
- 1 œuf (5,95 francs la boîte de 6 - 0,91 €)
- 1 cube de bouillon d'herbes (10,80 francs le paquet - 1,65 €)
- poivre
- beurre ou margarine

Coût total de la recette : *34,90 francs - environ 3,32 €*

Matériel

1 plat allant au four - 1 poêle - 1 casserole - 1 saladier

---

1. Eplucher l'oignon et le couper en très petits morceaux.
2. Le faire cuire à la poêle avec les steaks hachés, coupés eux aussi en très petits morceaux.
3. Dans un saladier, battre l'œuf en omelette et y ajouter le mélange viande hachée-oignon refroidi. Poivrer.
4. Dans une casserole, dissoudre le cube de bouillon dans un litre d'eau bouillante.
5. Eplucher les pommes de terre et les creuser afin d'obtenir des « barquettes ».
6. Les remplir du mélange viande-œuf-oignon et les placer dans un plat à gratin légèrement beurré.
7. Arroser avec un peu de bouillon et faire cuire une trentaine de minutes à four chaud (tester avec la pointe d'un couteau : la chair des pommes de terre ne doit plus être dure).
8. Arroser deux ou trois fois avec un peu de bouillon au cours de la cuisson.

Tartiflette

Ingrédients

- 1 kg de pommes de terre (7,50 francs - 1,14 €)
- 4 oignons (4 francs - 0,61 €)
- 1 petit pot de crème fraîche (3,45 francs - 0,53 €)
- 1 sachet de lardons (5,95 francs - 0,91 €).
- 400 g de fromage à raclette ou à tartiflette (26,95 francs - 4,11 €)
- sel et poivre
- beurre ou margarine

Coût total de la recette : *47,85 francs - environ 7,29 €*

Matériel

1 poêle - 1 plat allant au four

---

1. Eplucher et couper les pommes de terre en rondelles.
2. Eplucher et couper les oignons en lamelles.
3. Les faire dorer à la poêle, puis rajouter les pommes de terre et les lardons (les pommes de terre doivent rester fermes).
4. Poivrer, saler très légèrement et mélanger avec la crème fraîche.
5. Dans un plat soigneusement graissé, alterner une couche du mélange pommes de terre-oignons-lardons-crème fraîche avec une couche de fromage, en finissant par le fromage.
6. Faire cuire une vingtaine de minutes à four chaud (th. 7).

Le riz

Risotto aux légumes

Ingrédients

- 200 à 250 grammes de riz (soit l'équivalent de deux sachets) (3,95 francs la boîte de 4 sachets - 0,60 €)
- 2 grosses courgettes (3,20 francs - 0,49 €)
- 1 poivron vert (1,80 franc - 0,27 €)
- 1 poivron rouge (1,80 franc - 0,27 €)
- 1 oignon (1 franc - 0,15 €)
- 1 gousse d'ail (12,90 francs le filet de 500 g - 1,97 €)
- 1 cube de bouillon aux herbes (10,80 francs - 1,65 €)
- thym (3,40 francs le flacon - 0,52 €)
- huile d'olive (17,95 francs - 2,73 €)
- sel et poivre

Coût total de la recette : *55 francs - environ 8,38 €*

Matériel

1 grande poêle - 1 casserole

---

1. Dans une casserole, faire bouillir l'équivalent de 6 grands verres d'eau et y dissoudre ensuite le cube de bouillon.
2. Faire griller l'ail et l'oignon coupés en petits morceaux dans l'huile d'olive pendant quelques minutes.
3. Ajouter les courgettes coupées en rondelles, les poivrons coupés en petites lanières et le riz.
4. Laisser dorer en remuant sans cesse pendant quelques minutes.
5. Saler légèrement, poivrer et ajouter quelques pincées de thym.
6. Verser l'équivalent de deux grands verres de bouillon et laisser le mélange s'imbiber sur feu vif.
7. Recommencer deux fois l'opération au cours de la cuisson, en remuant doucement, jusqu'à ce que le riz soit devenu tendre (rajouter de l'eau au besoin, si le mélange accroche).

Riz cantonnais

Ingrédients

- 1 sachet de riz (3,95 francs la boîte de 4 sachets - 0,60 €)
- 4 œufs (5,95 francs la boîte de 6 - 0,91 €)
- 2 tranches de jambon (7,80 francs - 1,19 €)
- petite boîte de petits pois (2,25 francs - 0,34 €)
- sel et poivre
- beurre ou margarine

Coût total de la recette : *19,95 francs -environ 3,04 €*

Matériel

1 poêle - 1 casserole - 1 saladier

---

1. Faire cuire le riz dans une casserole remplie d'eau bouillante.
2. Battre les œufs en omelette et les faire cuire à la poêle.
3. Lorsque l'omelette est cuite, la couper en petits morceaux.
4. Couper le jambon en dés.
5. Lorsque le riz est cuit, l'égoutter et le mélanger au jambon, aux petits pois et aux morceaux d'omelette.
6. Faire réchauffer l'ensemble quelques minutes à feu doux.

5. Les desserts

Apple pie

Ingrédients

• 2 rouleaux de pâte feuilletée (4,95 francs le rouleau - 0,75 €, soit : 9,90 francs - 1,51 €)
• 6 pommes (10,20 francs - 1,55 €)
• un peu de sucre semoule (l'équivalent d'une petite poignée) (7,80 francs le paquet - 1,19 €)
• un peu de beurre (6,25 francs la plaquette - 0,95 €)
• 1 jaune d'œuf (5,95 francs la boîte de 6 œufs - 0,91 €)

***Coût total de la recette :** 40,10 francs - environ 6,11 €*

Matériel

1 saladier - 1 bol - 1 moule à tarte - 1 feuille de papier aborbant plié en quatre (ou mieux : 1 pinceau)

---

1. Eplucher et couper les pommes en morceaux.
2. Tapisser le moule de l'un des rouleaux de pâte feuilletée en la laissant dépasser légèrement sur les bords.
3. Disposer les morceaux de pommes et les saupoudrer de sucre, puis parsemer le tout de quelques petits morceaux de beurre.
4. Recouvrir avec le deuxième disque de pâte, puis le souder au premier en pinçant bien les bords avec les doigts mouillés.
5. Dans un bol, battre un jaune d'œuf et en badigeonner le gâteau à l'aide d'une feuille de papier absorbant pliée en quatre (ou mieux, d'un pinceau).
6. Faire un trou au sommet de l'apple pie et faire cuire à four chaud (th. 7-8) pendant une trentaine de minutes.

Cake nature

Ingrédients

- 5 œufs (5,95 francs la boîte de 6 - 0,91 €)
- 300 g de sucre (7,80 francs le paquet - 1,19 €)
- 500 g de farine (3,95 francs le paquet - 0,60 €)
- 2 sachets de levure (3,10 francs le paquet de 6 sachets - 0,47 €)
- 2 verres d'huile (5,95 francs la bouteille d'huile de tournesol - 0,91 €)
- 3 verres de lait (2,90 francs la brique - 0,44 €)
- 1 pincée de sel
- beurre ou margarine

Coût total de la recette : *29,65 francs - environ 4,52 €*

Matériel

2 saladiers - 1 verre (type verre à moutarde, pour les dosages) - 1 moule à cake - 1 verre doseur - 1 feuille de papier absorbant pliée en 4 pour le graissage du moule

---

1. Préchauffer le four une quinzaine de minutes (th. 4-5).
2. Mélanger la farine et la levure et former un « puits ».
3. Dans le deuxième saladier, mélanger les œufs avec le sucre et une pincée de sel. Lorsque l'ensemble est devenu liquide, verser alternativement l'huile et le lait, puis transvaser peu à peu ce mélange dans la farine, en veillant à ne pas faire de grumeaux.
4. Verser la préparation dans le moule soigneusement graissé et faire cuire une vingtaine de minutes à four moyen (vérifier la cuisson en piquant le gâteau avec la lame d'un couteau).

Crumble aux abricots

Ingrédients

- 1 boîte d'abricots au sirop (ou une dizaine d'abricots frais lavés, dénoyautés et coupés en deux) (10,50 francs la boîte d'abricots au sirop - 1,60 €)
- 150 g de biscuits sablés (3,65 francs le paquet de Sprits - 0,55 €)
- 100 g de beurre (6,25 francs la plaquette - 0,95 €)
- 60 g de farine (3,95 francs le paquet - 0,60 €)
- 50 g de sucre en poudre (7,80 francs le paquet - 1,19 €)
- beurre ou margarine (pour le graissage du plat)

***Coût total de la recette :** 32,15 francs - environ 4,90 €*

Matériel

1 saladier - 1 plat allant au four - 1 verre doseur

---

1. Dans un saladier, écraser les biscuits en les frottant entre les mains.
2. Ajouter le sucre, la farine, puis le beurre ramolli et coupé en très petits morceaux.
3. Mélanger avec les doigts jusqu'à l'obtention d'une pâte granuleuse.
4. Répartir les abricots dans le fond d'un moule soigneusement graissé et les recouvrir de la préparation.
5. Faire cuire une quinzaine de minutes à four chaud (th. 7-8).

Feuilletés aux pommes

Ingrédients
- 4 pommes (6,80 francs - 1,03 €)
- 1 rouleau de pâte feuilletée (4,95 francs - 0,75 €).

Coût total de la recette : *11,75 francs - environ 1,79 €*

Matériel
1 grande feuille de papier aluminium

---

1. Peler et évider les pommes.
2. Découper la pâte feuilletée en quatre morceaux égaux et l'étaler en carrés.
3. Poser une pomme sur chaque carré de pâte et en relever les bords de manière à « emballer » les pommes.
4. Faire cuire une vingtaine de minutes à four chaud (250°).

Gâteau à la noisette

Ingrédients

- 4 œufs (5,95 francs la boîte de 6 - 0,91 €)
- 250 g de sucre en poudre (7,80 francs - 1,19 €)
- 125 g de poudre de noisette (6,80 francs - 1,04 €)
- 100 g de farine (3,95 francs - 0,60 €)
- 125 g de beurre (6,25 francs la plaquette - 0,95 €)
- 200 g de chocolat (5,90 francs les 3 plaquettes - 0,90 €)
- beurre ou margarine

Coût total de la recette : *36,65 francs - environ 5,59 €*

Matériel

1 saladier - 2 casseroles (ou 1 poêle et 1 casserole) - 1 moule ou 1 plat allant au four - 1 verre doseur - 1 feuille de papier absorbant pliée en 4 pour le graissage du moule.

---

1. Faire fondre le beurre et le chocolat dans deux récipients séparés.
2. Mélanger le sucre aux œufs, puis ajouter la poudre de noisette, la farine, le beurre et le chocolat fondu.
3. Verser la préparation dans un moule soigneusement graissé.
4. Faire cuire 3/4 d'heure à four moyen.

Gâteau au yaourt

Ingrédients
- 1 yaourt (4,40 francs le paquet de 4 - 0,67 €)
- l'équivalent d'un pot de yaourt de sucre en poudre (7,80 francs le paquet - 1,19 €)
- l'équivalent de deux pots de yaourt de farine (3,95 francs le paquet - 0,60 €)
- l'équivalent de 3/4 d'un pot de yaourt d'huile (5,95 francs la bouteille d'huile de tournesol - 0,91 €)
- 3 œufs (5,95 francs la boîte de 6 - 0,91 €)
- 1 sachet de sucre vanillé (3,90 francs les 10 sachets - 0,59 €)
- 1 sachet de levure (3,10 francs les 6 sachets - 0,47 €)
- 1 noix de beurre (6,25 francs la plaquette - 0,95 €)
- beurre ou margarine

Coût total de la recette : *37,40 francs - environ 5,70 €*

Matériel
1 pot de yaourt vide qui servira pour le dosage - 1 saladier - 1 moule à cake - 1 poêle ou 1 casserole - 1 feuille de papier absorbant pliée en 4 pour le graissage du moule

---

1. Faire fondre le beurre à feu doux.
2. Dans un saladier, mélanger le yaourt, le sucre en poudre, la farine, l'huile, les œufs, le sucre vanillé, la levure chimique et le beurre fondu.
3. Verser la préparation dans un moule soigneusement graissé et faire cuire à four moyen (th. 5) une trentaine de minutes.
4. Pour vérifier la cuisson : planter un couteau dans votre gâteau. Si la lame en sort sèche, votre dessert est cuit.

Gâteau aux pommes

Ingrédients

- 3 œufs (5,95 francs la boîte de 6 - 0,91 €)
- 4 pommes (6,80 francs - 1,04 €)
- 1 verre de sucre (7,80 francs le paquet - 1,19 €)
- 2 verres de farine (3,95 francs le paquet - 0,60 €)
- 100 g de beurre (6,25 francs la plaquette - 0,95 €)
- 3 cuillères à soupe de lait (2,90 francs la brique - 0,44 €)
- 1/2 sachet de levure (3,10 francs le paquet de 6 sachets - 0,47 €)
- beurre ou margarine

***Coût total de la recette :** 36,75 francs - environ 5,60 €*

Matériel

1 verre (type verre à whisky, pour le dosage) - 1 saladier - 1 moule ou 1 plat allant au four - 1 casserole ou 1 poêle - 1 feuille de papier absorbant pliée en 4 pour le graissage du moule

---

1. Faire fondre le beurre en prenant garde à ce qu'il ne brunisse pas.
2. Eplucher et couper les pommes en petits dés.
3. Dans un saladier, mélanger la farine, le sucre et la levure, puis ajouter les œufs, le lait et le beurre fondu.
4. Incorporer les pommes et verser dans un moule soigneusement graissé.
5. Faire cuire une trentaine de minutes à four chaud.

Gratin de fruits rouges

Ingrédients

• 400 g de framboises (soit 2 barquettes à 12,95 francs - 1,97 € : 25,90 francs - 3,95 €)
• 400 g de cerises (8 francs - 1,22 €)
• 1 petit pot de crème fraîche (3,45 francs - 0,53 €)
• 100 g de sucre en poudre (7,80 francs - 1,19 €)
• 2 jaunes d'œufs (5,95 francs la boîte de 6 œufs - 0,91 €)

Coût total de la recette : *51,10 francs - environ 7,79 €*

Matériel

1 saladier - 1 plat allant au four

---

1. Laver et essuyer les fruits.
2. Équeuter et dénoyauter les cerises.
3. Dans un saladier, battre les jaunes d'œufs et le sucre, puis ajouter la crème fraîche.
4. Disposer les fruits dans le fond du plat, puis recouvrir du mélange œufs-sucre-crème.
5. Faire gratiner une dizaine de minutes à four chaud.

Gratin de pêches

Ingrédients

- 1 boîte de pêches au sirop (5,75 francs - 0,88 €)
- 1 briquette de crème liquide (2,95 francs - 0,45 €)
- 5 jaunes d'œufs (5,95 francs la boîte de 6 œufs - 0,91 €)
- 150 g de sucre (7,80 francs le paquet - 1,19 €)
- beurre ou margarine.

Coût total de la recette : *22,45 francs - environ 3,42 €*

Matériel

1 saladier - 1 plat allant au four

---

1. Dans un saladier, battre les jaunes d'œufs et le sucre.
2. Ajouter la crème et continuer à battre.
3. Placer les fruits soigneusement égouttés dans un plat bien graissé.
4. Verser la préparation sur les pêches et faire gratiner à four chaud.

Tarte aux abricots

Ingrédients

- 500 g d'abricots ou 2 grandes boîtes d'abricots au sirop (10,50 francs la boîte - 1,60 €, soit : 21 francs - 3,20 €)
- 1 rouleau de pâte brisée (4,95 francs - 0,75 €)
- 1 petit pot de crème fraîche (3,45 francs - 0,53 €)
- 50 g de farine (3,95 francs le paquet - 0,60 €)
- 100 g de sucre en poudre (7,80 francs le paquet - 1,19 €)
- 2 œufs (5,95 francs la boîte de 6 - 0,91 €)

Coût total de la recette : *47,10 francs - environ 7,18 €*

Matériel

1 moule à tarte (ou 1 plat allant au four) - 1 saladier - 1 verre doseur

---

1. Tapisser le moule à tarte de pâte brisée et la piquer à l'aide d'une fourchette.
2. Laver, dénoyauter et couper les abricots en deux, puis les disposer sur la pâte (ou égoutter soigneusement les abricots et les disposer sur la pâte).
3. Dans un saladier, battre les œufs en omelette, puis ajouter la crème fraîche, la farine et le sucre en poudre.
4. Recouvrir les fruits de cette préparation.
5. Faire cuire une trentaine de minutes minimum à four chaud (th. 6-7).

Partie III

30 « festins » dans une kitchenette

« Le carnivore »

Avocats au crabe
Steaks tartares
Salade au yaourt

Avocats au crabe

Ingrédients
• 4 avocats (23,60 francs - 3,60 €)
• 1 petite boîte de chair de crabe (7,95 francs - 1,21 €)
• 1 petit pot de crème fraîche (ou de mayonnaise) (3,45 francs le pot de crème fraîche - 0,52 €)
• sel et poivre

Coût total de la recette : *35 francs - environ 5,33 €*

Matériel
1 saladier - 1 fourchette - 1 cuillère

---

1. Couper les avocats en deux dans le sens de la longueur.
2. Les dénoyauter et les vider délicatement de leur chair à l'aide d'une cuillère.
3. Avec une fourchette, écraser la chair des avocats et la mélanger à l'équivalent de chair de crabe.
4. Saler, poivrer et ajouter une grosse cuillère à soupe de crème fraîche (ou de mayonnaise). Melanger.
5. Remplir les avocats de la préparation ainsi obtenue. Egaliser la surface et placer au réfrigérateur.

Steaks tartare

Ingrédients

- 400 à 500 g de viande hachée crue (28,50 francs - 4,34 €)
- 3 oignons (3 francs - 0,46 €)
- 2 cuillères à café de moutarde (1,95 franc le pot de moutarde - 0,29 €)
- 4 jaunes d'œuf (5,95 francs la boîte de 6 œufs - 0,91 €)
- 2 cuillère à café de persil haché (7,90 francs la boîte de persil haché surgelé - 1,20 €)
- sel et poivre

***Coût total de la recette :** 47,30 francs - environ 7,21 €*

Matériel

1 saladier - 1 morceau de film plastique - 4 assiettes pour la présentation

---

1. Mélanger la viande hachée aux oignons coupés le plus finement possible, au persil et à la moutarde.
2. Saler, poivrer.
3. Aplatir le mélange en quatre steaks d'égale grosseur, les recouvrir d'un film plastique et les placer au frais jusqu'au moment de servir.
4. Après avoir séparé les blancs des jaunes d'œuf, présenter les steaks tartares « chapeautés » d'un jaune d'œuf placé dans sa coquille.

Salade au yaourt

Ingrédients
- 2 bananes (4 francs - 0,61 €)
- 2 pommes (3,40 francs - 0,52 €)
- 2 poires (4,80 francs - 0,73 €)
- 1 cuillère à soupe de raisins secs (5,95 francs le sachet - 0,91 €)
- 2 yaourts nature (4,40 francs le paquet de 4 - 0,67 €)
- 6 cuillères à soupe de sucre en poudre (7,80 francs le paquet - 1,19 €)

Coût total de la recette : *30,35 francs - environ 4,63 €*

Matériel
1 saladier

---

1. Battre les yaourts et le sucre.
2. Peler et couper les fruits en petits morceaux et les intégrer doucement à la préparation.
3. Servir frais.

« Le rapido »

Haricots au fromage
Brochettes de jambon au melon
Gâteau aux biscuits

Haricots au fromage

Ingrédients

- 1 grosse boîte de haricots verts (4,45 francs - 0,68 €)
- 100 g d'emmental (12,15 francs la tranche - 1,85 €)
- 2 tranches de jambon (7,80 francs - 1,19 €)
- vinaigre (3,85 francs la bouteille de vinaigre de vin - 0,59 €)
- huile (5,95 francs la bouteille d'huile de tournesol - 0,91 €)
- sel et poivre

***Coût total de la recette :** 34,20 francs - environ 5,21 €*

Matériel

1 saladier

1. Couper le gruyère et le jambon en petits dés.
2. Préparer la vinaigrette et y mélanger les haricots au gruyère et au jambon.

Brochettes de jambon au melon

Ingrédients

- 1 gros melon (9,90 francs - 1,51 €€
- 4 tranches de jambon de Parme (12,80 francs - 1,95 €)
- poivre

Coût total de la recette : *22,70 francs - environ 3,46 €*

Matériel

4 grandes piques de bois

---

1. Couper le melon en dés et le jambon de Parme en lanières.
2. Confectionner les brochettes en alternant un dé de melon et une lanière de jambon roulée sur elle-même.
3. Poivrer légèrement et servir frais.

Gâteau aux biscuits

Ingrédients

• 4 ou 5 boîtes de biscuits type « petit beurre » (2,40 francs le paquet - 0,36 €, soit : 9,60 francs - 1,46 €)

• 2 grosses boîtes de crème au chocolat (9,55 francs la boîte - 1,45 €, soit : 19,10 francs - 2,91 €)

• 1 petit verre de rhum (37,95 francs la bouteille - 5,78 €)

***Coût total de la recette :** 66,65 francs - environ 10,16 €*

Matériel

1 assiette creuse - 1 grande assiette ou un plat à fond très plat

---

1. Verser le rhum dans l'assiette.
2. Y tremper les biscuits et en disposer une rangée de six dans le fond d'une assiette (ou d'un plat).
3. Recouvrir d'une couche de crème au chocolat.
4. Alterner couches de biscuits et couches de crème.
5. Terminer en nappant le gâteau de crème et servir très frais.

« Le méditerranéen »

Salade grecque
Concombres au thon
Crème de bananes

Salade grecque

Ingrédients

- 6 tomates (7,50 francs - 1,14 €)
- 1 concombre (4 francs - 0,61 €)
- 2 poivrons verts (3,60 francs - 0,55 €)
- 1 échalote (12,60 francs le filet de 500 g - 1,92 €)
- feta (14,95 francs - 2,28 €)
- olives noires (2,55 francs le petit sachet - 0,39 €)
- huile d'olive (17,95 francs la bouteille - 2,74 €)
- sel et poivre

Coût total de la recette : *63,15 francs - environ 9,63 €*

Matériel

4 assiettes

---

1. Eplucher et couper le concombre en fines rondelles
2. Couper les tomates en quartiers.
3. Epépiner et couper les poivrons en fines lamelles.
4. Couper l'échalote en petits morceaux.
5. Disposer les légumes sur chaque assiette en ajoutant la feta coupée en petits dés et quelques olives noires.
6. Assaisonner et finir par un filet d'huile d'olive avant de placer au réfrigérateur.

Concombres au thon

Ingrédients

- 2 concombres (8 francs - 1,22 €)
- 1 grosse boîte de miettes de thon (ou 2 petites) (4,75 francs - 0,72 € la boîte, soit : 9,50 francs - 1,45 €)
- 500 g de fromage blanc (7,90 francs les 8 pots de 100 g - 1,20 €)
- 2 échalotes (12,90 francs le filet - 1,97 €)
- quelques pincées de ciboulette hachée (7,90 francs la boîte de ciboulette hachée surgelée - 1,20 €)
- sel et poivre

Coût total de la recette : *46,20 francs - environ 7,04 €*

Matériel

1 saladier

---

1. Laver et couper chaque concombre en huit morceaux égaux.
2. Retirer délicatement les graines à l'intérieur de chaque tronçon, à l'aide d'une petite cuillère.
3. Dans un saladier, mélanger le thon égoutté au fromage blanc, aux échalotes coupées en très petits morceaux et à la ciboulette.
4. Poivrer et saler très légèrement.
5. Remplir chaque morceau de concombre de cette préparation et placer au réfrigérateur.

Crème de bananes

Ingrédients

- 4 bananes (8 francs - 1,22 €)
- 4 cuillères à soupe de fromage blanc (7,90 francs les 8 pots de 100 g - 1,20 €)
- 4 cuillères à café de sucre (7,80 francs le paquet - 1,19 €)

Coût total de la recette : *23,70 francs - environ 3,61 €*

Matériel

1 saladier

---

1. Ecraser les bananes à l'aide d'une fourchette jusqu'à les réduire en purée.
2. Ajouter le fromage blanc, mélanger, puis compléter avec le sucre.
3. Mélanger à nouveau et servir très frais.

« Le cylindrique »

Concombres à la crème
Rouleaux au jambon
Salade aux oranges

Concombres à la crème

Ingrédients

- 3 ou 4 concombres (16 francs - 2,44 €)
- 1 briquette de crème liquide (2,95 francs - 0,45 €)
- sel et poivre

Coût total de la recette : *18,95 francs - environ 2,89 €*

Matériel

1 saladier ou une grande assiette

---

1. Laver et couper les concombres en fines rondelles.
2. Les napper de crème.
3. Saler légèrement et poivrer.
4. Servir très frais.

Rouleaux au jambon

Ingrédients

• 4 tranches de jambon (7,80 francs les 2 tranches - 1,19 €, soit : 15,60 francs - 2,38 €)
• 1 boîte de macédoine de légumes (2,75 francs - 0,42 €)
• 1 pot de mayonnaise (2,80 francs - 0,43 €)

Coût total de la recette : *21,15 francs - environ 3,22 €*

Matériel

1 saladier

---

1. « Nettoyer » le jambon en en retirant le gras.
2. Dans un saladier, mélanger la macédoine égouttée et quelques cuillères à soupe de mayonnaise.
3. Répartir cette préparation au bord de chacune des tranches de jambon et rouler chaque tranche sur elle-même jusqu'à l'obtention d'un rouleau.

Salade aux oranges

Ingrédients
- 4 bananes (8 francs - 1,22 €)
- 2 pommes (3,40 francs - 0,52 €)
- 5 oranges (6,45 francs - 0,98 €)
- 150 grammes de sucre (7,80 francs - 1,19 €)

Coût total de la recette : *25,65 francs - environ 3,91 €*

Matériel
1 saladier et un presse-agrumes

---

1. Extraire le jus de 2 oranges et le mélanger au sucre.
2. Eplucher et couper les bananes en fines rondelles.
3. Les placer dans le jus d'orange.
4. Ajouter les pommes pelées et coupées en petits dés, puis les oranges pelées et coupées en fines rondelles.
5. Mélanger et servir très frais.

« Le mœlleux »

Tomates au thon
Champignons à la crème
Bananes aux framboises

Tomates au thon

Ingrédients
- 8 tomates (10 francs - 1,52 €)
- 1 boîte de thon (4,75 francs - 0,72 €)
- 1 pot de mayonnaise (2,80 francs - 0,43 €)
- poivre

Coût total de la recette : *17,55 francs - environ 2,67 €*

Matériel
1 saladier - 1 plat ou une assiette pour la présentation

---

1. Laver les tomates et découper un « chapeau » dans la partie supérieure.
2. A l'aide d'une petite cuillère, enlever toute la chair se trouvant à l'intérieur.
3. Dans un saladier, émietter le thon et le mélanger à quelques cuillères à soupe de mayonnaise.
4. Poivrer et remplir chaque tomate du mélange thon-mayonnaise.
5. Recouvrir chaque tomate de son «chapeau» et servir très frais.

Champignons à la crème

Ingrédients

- 500 g de champignons de Paris (9,90 francs - 1,51 €)
- 1 briquette de crème liquide (2,95 francs - 0,45 €)
- 1 citron (1,90 franc - 0,29 €)
- une gousse d'ail (12,90 francs le filet de 500 g - 1,96 €)
- sel et poivre

Coût total de la recette : *27,65 francs - environ 4,21 €*

Matériel

1 saladier

1. Couper la base du pied terreux des champignons et les éplucher.
2. Mélanger la crème liquide avec le jus de citron, le sel, le poivre et l'ail coupé en très petits morceaux.
3. Verser ce mélange sur les champignons coupés en fines lamelles et garder au frais jusqu'au moment de servir.

Bananes aux framboises

Ingrédients

- 4 bananes (8 francs - 1,22 €)
- 200 g de framboises (12,95 francs - 1,97 €)
- 1 citron (1,90 franc - 0,29 €)
- 100 g de sucre semoule (7,80 francs - 1,19 €)
- 125 g de crème fraîche (3,45 francs - 0,53 €)

Coût total de la recette : *34,10 francs - environ 5,19 €*

Matériel

3 saladiers (ou 2 saladiers et 1 assiette) - 1 verre doseur

---

1. Peler et couper les bananes en rondelles.
2. Dans un saladier, recouvrir les bananes d'un tiers du sucre et les arroser du jus d'un demi-citron.
3. Dans une assiette (ou 1 saladier), écraser les framboises à la fourchette et les mélanger au reste du sucre.
4. Battre vigoureusement la crème fraîche additionnée de 2 cuillères à soupe d'eau froide.
5. Ajouter les framboises et mélanger délicatement.
6. Répartir les bananes dans les assiettes (ou des coupelles individuelles) et les napper du mélange crème-framboises.
7. Servir frais.

« *Le cosmopolite* »

Tomates mozzarella
Salade mexicaine
Carottes aux bananes

Tomates mozzarella

Ingrédients

- 6 tomates (7,50 francs - 1,14 €)
- 2 boules de mozzarella (9,95 francs - 1,52 € la boule, soit : 19,90 francs - 3,03 €)
- huile d'olive (17,95 francs la bouteille - 2,74 €)
- basilic haché surgelé (7,90 francs la boîte de basilic haché surgelé - 1,20 €)
- sel et poivre

Coût total de la recette : *53,25 francs - environ 8,12 €*

Matériel

4 assiettes pour la présentation

---

1. Laver et couper les tomates en rondelles et déposer l'équivalent d'une tomate et demie par personne dans les assiettes.
2. Couper la mozzarella en tranches et la disposer au milieu des tranches de tomates.
3. Saler, poivrer et arroser d'un filet d'huile d'olive.
4. Parsemer de basilic haché.

Salade mexicaine

Ingrédients

- 2 petites boîtes de haricots rouges (ou une grande) (2,95 francs la petite boîte - 0,45 €, soit : 5,90 francs - 0,90 €)
- 2 tomates (2,50 francs - 0,38 €)
- 2 avocats (11,80 francs - 1,80 €)
- 1 tranche de cheddar (5,60 francs - 0,85 €)
- 1 sachet de tortillas chips (3,95 francs - 0,60 €)
- tabasco (10,90 francs - 1,66 €)
- ketchup (5,30 francs - 0,81 €)
- huile d'olive (17,95 francs la bouteille - 2,74 €)
- sel et poivre

Coût total de la recette : *63,90 francs - environ 9,74 €*

Matériel

1 bol - 4 assiettes pour la présentation

---

1. Rincer et égoutter les haricots, puis les disposer sur les assiettes.
2. Laver et couper les tomates en petits dés.
3. Couper la chair des avocats en gros morceaux et le cheddar en petits cubes.
4. Répartir les légumes et le cheddar dans les assiettes.
5. Dans un bol, mélanger quelques cuillères à soupe d'huile d'olive à une demie-cuillère à café de tabasco et à 2 cuillères à café de ketchup. Saler et poivrer.
6. Verser un peu de cette sauce sur la salade et disposer des tortillas autour de chaque assiette.

Carottes aux bananes

Ingrédients

- 2 ou 3 carottes (2,10 francs - 0,32 €)
- 2 bananes (4 francs - 0,61 €)
- 1 petit pot de crème fraîche (3,45 francs - 0,53 €)
- 1 citron (1,90 franc - 0,29 €)
- sel et poivre

***Coût total de la recette :** 11,45 francs - environ 1,74 €*

Matériel

1 saladier - 1 râpe

---

1. Mélanger 3 cuillères à soupe de crème fraîche et le jus de citron. Saler et poivrer.
2. Eplucher et couper les bananes en fines rondelles.
3. Eplucher et râper les carottes. Les étaler sur un plat.
4. Disposer les bananes sur le lit de carottes.
5. Napper du mélange crème fraîche-citron et servir très frais.

« *L'exotique* »

Tomates orientales
Salade parisienne
Salade au melon

Tomates orientales

Ingrédients

- 8 tomates (10 francs - 1,52 €)
- 2 grosses poignées de semoule (5,45 francs le paquet - 0,83 €)
- 1/2 concombre (4 francs le concombre - 0,61 €)
- 1 poivron rouge (1,80 franc - 0,27 €)
- 1 citron (1,90 franc - 0,29 €)
- huile d'olive (17,95 francs la bouteille - 2,74 €)
- sel et poivre

Coût total de la recette : *41,10 francs - environ 6,26 €*

Matériel

1 saladier

---

1. Laver et vider délicatement les tomates de leur pulpe.
2. Dans un saladier, faire gonfler la semoule en la recouvrant d'eau froide.
3. Laver et couper le demi-concombre en petits dés.
4. Laver et couper le poivron en petits morceaux.
5. Mélanger les légumes à la semoule et arroser d'un filet d'huile d'olive et du jus d'un demi-citron.
6. Remplir les tomates de cette préparation et servir frais.

Salade parisienne

Ingrédients

- 1 sachet de salade mélangée (7,45 francs - 1,14 €)
- 2 tranches de jambon (7,80 francs - 1,19 €)
- 1 tranche d'emmental (12,15 francs - 1,85 €)
- quelques olives noires (2,55 francs le sachet - 0,39 €)
- huile (5,95 francs la bouteille d'huile de tournesol - 0,91 €)
- vinaigre (3,85 francs la bouteille de vinaigre de vin - 0,59 €)
- sel et poivre

Coût total de la recette : *39,75 francs - environ 6,06 €*

Matériel

1 saladier

---

1. Dans un saladier, mélanger 3 cuillères à soupe de vinaigre à 5 cuillères à soupe d'huile.
2. Saler, poivrer et ajouter une cuillère à café de moutarde.
3. Couper les tranches de jambon et le gruyère en petits dés.
4. Mélanger à la salade et décorer de quelques olives noires dénoyautées.

Salade au melon

Ingrédients

- 1 petit melon bien mûr (9,90 francs - 1,51 €)
- une dizaine de tomates cerise (9,90 francs la barquette - 1,51 €)
- 2 pommes (2,40 francs - 0,37 €)
- 1/2 citron (1,90 franc le citron - 0,29 €)
- quelques cuilleres à soupe de sucre en poudre (7,80 francs le paquet - 1,19 €)

***Coût total de la recette :** 31,90 francs - environ 4,86 €*

Matériel

1 saladier

---

1. Laver les tomates cerise.
2. Peler et couper les pommes et le melon en petits dés.
3. Saupoudrer de sucre les tomates, les pommes et le melon et arroser du jus d'un demi-citron.
4. Mélanger et placer au réfrigérateur.

« *Le régional* »

Artichauts aux crevettes
Tomates au fromage
Tartelettes aux fraises express

Artichauts aux crevettes

Ingrédients
- 1 boîte de fonds d'artichauts (8,90 francs - 1,36 €)
- 1 petite boîte de macédoine de légumes (2,75 francs - 0,42 €)
- 1 boîte de crevettes (8,95 francs - 1,36 €)
- quelques cuillères à soupe de mayonnaise (2,80 francs le pot - 0,43 €)

***Coût total de la recette :** 23,40 francs - environ 3,55 €*

Matériel
1 saladier

---

1. Couper l'un des fonds d'artichauts en petits morceaux.
2. Dans un saladier, le mélanger avec la macédoine, les crevettes et la mayonnaise.
3. Répartir cette préparation dans les fonds d'artichauts restants et servir frais.

Tomates au fromage

Ingrédients

- 8 grosses tomates (10 francs - 1,52 €)
- 6 cuillères à soupe de fromage frais (faisselle) (6,95 francs - 1,06 €)
- 2 cuillères à soupe de basilic haché (7,90 francs la boîte de basilic haché surgelé - 1,20 €)
- sel et poivre

Coût total de la recette : *24,85 francs - environ 3,79 €*

Matériel

1 saladier - 1 plat ou 1 assiette pour la présentation

---

1. Laver soigneusement les tomates et découper un « chapeau » assez large au sommet de chacune d'entre elles.
2. Les évider soigneusement à l'aide d'une cuillère.
3. Dans un saladier, mélanger le fromage, grossièrement écrasé à la fourchette, au basilic.
4. Saler, poivrer et farcir chaque tomate de ce mélange.
5. Servir très frais.

Tartelettes aux fraises express

Ingrédients

• 4 fonds de tartelettes en pâte sablée déjà cuits (7,95 francs - 1,21 € la boîte de 9 tartelettes à garnir)
• 1 barquette de fraises (14,90 francs - 2,27 €)
• 1 bombe de crème chantilly (10,15 francs - 1,55 €)

Coût total de la recette : *33 francs - environ 5,03 €*

Matériel

1 plat ou 4 assiettes pour la présentation

---

1. Laver et équeuter les fraises.
2. Lorsqu'elles sont parfaitement égouttées, les disposer sur les tartelettes (le côté « pointu » du fruit doit être tourné vers le haut), puis les coiffer de chantilly.

« Le bleu-blanc-rouge »

Endives au bleu
Crevettes au soja
Melon aux fruits rouges

Endives au bleu

Ingrédients

- 4 endives (12,90 francs le sachet de 1 kg - 1,97 €)
- 1 tranche de bleu (fromage) (13,65 francs - 2,08 €)
- huile (5,95 francs la bouteille d'huile de tournesol - 0,91 €)
- vinaigre (3,85 francs la bouteille de vinaigre de vin - 0,59 €)
- curry (3,25 francs le flacon - 0,49 €)

Coût total de la recette : *39,60 francs - environ 6,04 €*

Matériel

1 bol - 4 assiettes pour la présentation

1. Laver et couper les endives en quatre dans le sens de la longueur.
2. Les disposer en croix sur chaque assiette.
3. Dans un bol, mélanger 3 cuillères à soupe de vinaigre avec les 3/4 du bleu écrasé à la fourchette. Ajouter 1 cuillère à soupe d'huile, puis 1 cuillère à café de curry.
4. Verser cette sauce entre les endives et saupoudrer du bleu restant que vous aurez écrasé à la fourchette.

Crevettes au soja

Ingrédients

- 1 grosse boîte de pousses de soja (5,25 francs - 0,80 €)
- 2 carottes (1,40 franc - 0,21 €)
- 1 boîte de crevettes (8,95 francs - 1,36 €)
- 1 boîte de cœurs de palmier (9,95 francs - 1,52 €)
- huile (5,95 francs la bouteille d'huile de tournesol - 0,91 €)
- vinaigre (3,85 francs la bouteille de vinaigre de vin - 0,59 €)
- moutarde (1,95 franc le pot - 0,30 €)
- sauce soja (6,95 francs le flacon - 1,06 €)
- poivre

Coût total de la recette : *44,25 francs - environ 6,75 €*

Matériel

1 saladier - 1 râpe

---

1. Dans un saladier, mélanger 2 cuillères à soupe de vinaigre à 2 cuillères à café de moutarde, puis ajouter 5 cuillères à soupe d'huile sans cesser de remuer.
2. Poivrer et terminer par une cuillère à café de sauce soja.
3. Ajouter le soja égoutté, les carottes râpées, les cœurs de palmier coupés en petits morceaux, puis les crevettes égouttées.
4. Mélanger délicatement et placer au réfrigérateur.

Melon aux fruits rouges

Ingrédients

- 2 melons (9,90 francs - 1,51 € le melon, soit : 19,80 francs - 3,02 €)
- 1 grosse poignée de fraises (7,45 francs - 1,14 €)
- 1 grosse poignée de framboises (12,95 francs la barquette - 1,97 €)
- 1 citron (1,90 franc - 0,29 €)
- 2 cuillères à soupe de sucre en poudre (7,80 francs - 1,19 €)

Coût total de la recette : *49,90 francs - environ 7,61 €*

Matériel

4 assiettes pour la présentation

---

1. Couper les melons en deux et retirer les graines.
2. Laver les fraises et les framboises et couper les fraises en morceaux.
3. Répartir les fruits rouges à l'intérieur de chaque moitié de melon.
4. Saupoudrer de sucre et arroser d'un filet de jus de citron.
5. Servir frais.

« *Le maritime* »

Barquettes aux sardines
Salade californienne
Tiramisu

Barquettes aux sardines

Ingrédients
• 5 gros citrons (1,90 franc le citron - 0,29 €, soit : 9,50 francs - 1,45 €)
• 1 boîte de sardines à l'huile (1,95 franc - 0,30 €)
• 1 petit pot de crème fraîche (3,45 francs - 0,53 €)
• 2 cuillères à café d'estragon haché (9,90 francs la boîte d'estragon haché surgelé - 1,51 €)
• poivre

Coût total de la recette : *24,80 francs - environ 3,78 €*

Matériel
1 saladier

---

1. Couper 4 citrons en deux et les creuser en retirant délicatement la pulpe à l'aide d'un couteau.
2. Dans 1 saladier, écraser les sardines à la fourchette après en avoir retiré les arêtes.
3. Ajouter la crème, puis l'estragon et le jus d'un demi-citron.
4. Poivrer et mélanger jusqu'à obtenir une purée homogène.
5. Farcir chaque demi-citron de cette préparation et placer au réfrigérateur.

Salade californienne

Ingrédients

- 1 sachet de salade mélangée (7,45 francs - 1,14 €)
- 1 petite boîte d'ananas (4,95 francs - 0,75 €)
- 4 tomates (5 francs - 0,76 €)
- 1 citron (1,90 franc - 0,29 €)
- 1 boîte de maïs (2,75 francs - 0,42 €)
- 1 boîte de crevettes (8,95 francs - 1,36 €)
- huile d'olive (17,95 francs - 2,74 €)
- sel et poivre

Coût total de la recette : *48,95 francs - 7,46 €*

Matériel

1 saladier

---

1. Dans un saladier, mélanger quelques cuillères à soupe d'huile d'olive au jus d'un citron.
2. Saler et poivrer.
3. Laver et couper les tomates en quartiers et les mélanger à la salade, au maïs et aux crevettes soigneusement égouttés et à l'ananas égoutté et coupé en petits morceaux.

Tiramisu

Ingrédients (6 personnes)

- 1 paquet de biscuits à la cuillère (7,90 francs - 1,20 €)
- 6 œufs (5,95 francs la boîte de 6 - 0,91 €)
- 750 g de mascarpone (10,60 francs - 1,62 € le sachet de 250 g, soit : 31,80 francs - 4,85 €)
- 6 cuillères à café de sucre en poudre (7,80 francs le paquet - 1,19 €)
- 1 bol de café fort (7,95 francs le paquet de café - 1,21 €)
- quelques cuillères de cacao en poudre (8,80 francs le paquet - 1,34 €)

***Coût total de la recette :** 70,20 francs - environ 10,70 €*

Matériel

2 saladiers - 1 cafetière

---

1. Dans un saladier, battre vigoureusement les œufs, le mascarpone et le sucre.
2. Tremper les biscuits dans le café et les disposer dans le fond du saladier.
3. Recouvrir d'une couche de la préparation œufs-mascarpone-sucre.
4. Alterner ainsi les couches de biscuits trempés dans le café et les couches du mélange œufs-mascarpone-sucre, en terminant par une couche de biscuits.
5. Saupoudrer de cacao et placer au réfrigérateur 24 heures minimum.

« Le gratiné »

Brioches au jambon et aux champignons
Gratin d'aubergines
Gratin de poires

Brioches au jambon et aux champignons

Ingrédients

- 4 brioches (rondes et hautes, achetées chez le boulanger) (4,70 francs la brioche - 0,71 €, soit : 18,80 francs - 2,87 €)
- 1 œuf (5,95 francs la boîte de 6 - 0,91 €)
- 1 petite boîte de champignons de Paris (3,90 francs - 0,59 €)
- 1 tranche de jambon (7,80 francs les 2 tranches - 1,19 €)
- 1 petit pot de crème fraîche (3,45 francs - 0,53 €)
- 1 petit sachet de gruyère râpé (6,95 francs - 1,06 €)
- sel et poivre

Coût total de la recette : *46,85 francs - environ 7,14 €*

Matériel

1 saladier - 1 bol - 1 couteau - 1 fourchette

---

1. Enlever le chapeau des brioches.
2. Vider à l'aide d'une petite cuillère chaque brioche de sa mie.
3. Découper les champignons en petits morceaux (s'il s'agit de champignons frais, les faire blanchir deux minutes à l'eau bouillante salée avant de les couper).
4. Dans un saladier, mélanger la moitié de la mie coupée le plus finement possible avec l'œuf battu, les champignons, le jambon coupé en petits morceaux, la crème et le gruyère râpé.
5. Saler et poivrer.
6. Remplir les brioches avec le mélange obtenu, replacer le chapeau et faire cuire à four moyen une dizaine de minutes.

Gratin d'aubergines

Ingrédients

- 4 aubergines (17,60 francs - 2,68 €)
- 3 œufs (5,95 francs la boîte de 6 - 0,91 €)
- 3 pots de fromage blanc (7,90 francs les 4 pots - 1,20 €)
- 1 sachet de gruyère râpé (6,95 francs - 1,06 €)
- sel et poivre

Coût total de la recette : *38,40 francs - environ 5,85 €*

Matériel

1 saladier - 1 plat à gratin - 1 feuille d'aluminium

---

1. Couper les aubergines en deux et les placer sur la grille du four recouverte d'une feuille de papier aluminium, de façon à ce que la peau soit tournée vers le haut.
2. Les faire cuire jusqu'à ce que la peau ait noirci et que la chair ait ramolli.
3. Lorsqu'elles ont un peu refroidi, retirer la peau et écraser la pulpe dans un saladier.
4. Mélanger avec le fromage blanc, puis ajouter les œufs les uns après les autres.
5. Remuer et ajouter la moitié du gruyère râpé.
6. Saler, poivrer, remuer à nouveau et disposer dans le plat à gratin.
7. Recouvrir du reste du fromage râpé et faire cuire à four chaud une trentaine de minutes.

Gratin de poires

Ingrédients
- 5 poires (12 francs - 1,83 €)
- 100 g de sucre en poudre (7,80 francs le paquet - 1,19 €)
- beurre (6,25 francs la plaquette - 0,95 €)

Coût total de la recette : *26,05 francs - environ 3,97 €*

Matériel
1 plat allant au four

---

1. Eplucher et couper les poires en quartiers et les disposer dans un plat en les faisant se chevaucher.
2. Saupoudrer de sucre et parsemer de quelques petits morceaux de beurre.
3. Faire cuire à four moyen (th. 5-6) une trentaine de minutes.

« Le lorrain »

Quiche lorraine
Gratin de thon aux tomates
Flan aux abricots

Quiche lorraine

Ingrédients

- 1 rouleau de pâte brisée (4,95 francs - 0,75 €)
- 1 paquet de lardons fumés (5,95 francs - 0,91 €)
- 3 œufs (5,95 francs la boîte de 6 - 0,91 €)
- 1 petit pot de crème fraîche (3,45 francs - 0,53 €)
- poivre

Coût total de la recette : *20,30 francs - environ 3,09 €*

Matériel

1 saladier - 1 moule à tarte (ou un plat allant au four)

---

1. Battre les œufs en omelette.
2. Ajouter la crème, poivrer et mélanger à nouveau.
3. Etaler la pâte et la percer à l'aide d'une fourchette.
4. Poser les lardons sur le fond de la pâte et verser dessus le mélange œufs-crème fraîche.
5. Faire cuire à four moyen une quarantaine de minutes.

Gratin de thon aux tomates

Ingrédients

- 6 tomates (7,50 francs - 1,14 €)
- 1 boîte de thon (4,75 francs - 0,72 €)
- 1 boule de mozzarella (9,95 francs - 1,52 €)
- herbes de Provence (3,25 francs le flacon - 0,49 €)
- huile d'olive (17,95 francs la bouteille - 2,74 €)
- poivre

Coût total de la recette : *43,40 francs - environ 6,61 €*

Matériel

1 plat à gratin

---

1. Laver et couper les tomates en fines rondelles.
2. Couper la mozzarella en tranches les plus fines possibles.
3. Verser un filet d'huile d'olive dans le fond du plat.
4. Y déposer une couche de tomates, puis une couche de thon émietté, puis une couche de mozzarella.
5. Poivrer et parsemer d'herbes de Provence.
6. Recommencer l'opération en terminant par la mozzarella arrosée d'un filet d'huile d'olive.
7. Placer à four moyen une trentaine de minutes.

Flan aux abricots

Ingrédients

- 1 grosse boîte d'abricots au sirop (10,50 francs la boîte - 1,60 €)
- 150 g de farine (3,95 francs le paquet - 0,60 €)
- 3 œufs (5,95 francs la boîte de 6 - 0,91 €)
- 150 g de sucre en poudre (7,80 francs le paquet - 1,19 €)
- 1/3 de litre de lait (2,90 francs la brique - 0,44 €)
- beurre (6,25 francs la plaquette - 0,95 €)

Coût total de la recette : *37,35 francs - environ 5,69 €*

Matériel

1 verre doseur - 1 saladier - 1 plat à gratin - 1 feuille de papier absorbant pliée en 4 pour le graissage du moule

---

1. Verser la farine dans un saladier et creuser un puits au milieu.
2. Ajouter les œufs et les 3/4 du sucre.
3. Bien mélanger.
4. Verser le lait et remuer jusqu'à obtenir un mélange homogène.
5. Verser la préparation dans un plat soigneusement beurré (ou tapissé de papier sulfurisé).
6. Ajouter les abricots soigneusement égouttés et coupés en deux, puis saupoudrer du reste de sucre.
7. Faire cuire à four chaud 40 minutes environ (tester avec la pointe d'un couteau).

« *Le croustillant* »

Croques provençaux
Pommes de terre au four
Tarte à la framboise

Croques provençaux

Ingrédients
- 4 tranches de pain de campagne (6,45 francs - 0,98 €)
- 2 tranches de jambon (7,80 francs les 2 tranches - 1,19 €, soit : 15,60 francs - 2,38 €)
- 4 tomates (5 francs - 0,76 €)
- 1 boîte de fromage à tartiner (6,50 francs - 0,99 €)
- 1 sachet de gruyère râpé (6,95 francs - 1,06 €)
- herbes de Provence (3,25 francs le flacon - 0,49 €)

Coût total de la recette : *43,75 francs - environ 6,67 €*

Matériel
1 feuille de papier aluminium

---

1. Recouvrir chaque tranche de pain de fromage à tartiner.
2. Sur quatre d'entre elles, placer la moitié d'une tranche de jambon.
3. Recouvrir avec les tranches de pain restantes.
4. Sur chaque croque, disposer les tomates coupées en rondelles.
5. Parsemer d'herbes de Provence, puis de gruyère râpé.
6. Placer les croque-monsieur sur la grille du four recouverte d'une feuille de papier aluminium et faire gratiner une dizaine de minutes.

Pommes de terre au four

Ingrédients

- 4 grosses pommes de terre (3,60 francs - 0,55 €)
- 1 petit pot de crème fraîche (ou de fromage blanc) (3,45 francs le pot de crème fraîche - 0,53 €)
- 1 grosse pincée de ciboulette (7,90 francs la boîte de ciboulette hachée surgelée - 2,04 €)
- sel et poivre

Coût total de la recette : *14,95 francs - environ 2,28 €*

Matériel

1 bol - 4 feuilles de papier aluminium

---

1. Laver les pommes de terre et les envelopper de papier aluminium.
2. Les faire cuire une vingtaine de minutes à four chaud.
3. Dans un bol, mélanger la crème fraîche (ou le fromage blanc) à la ciboulette.
4. Saler et poivrer.
5. Entailler largement les pommes de terre (les couper presque en deux) et y verser la préparation.

Tarte à la framboise

Ingrédients

• 2 rouleaux de pâte brisée (4,95 francs le rouleau - 0,75 €, soit : 9,90 francs - 1,51 €)
• 1 œuf (5,95 francs la boîte de 6 - 0,91 €)
• 1 pot de confiture de framboise (7,95 francs - 1,21 €)

Coût total de la recette : *23,80 francs - environ 3,63 €*

Matériel

1 moule à tarte (ou un plat allant au four) - 1 feuille de papier absorbant (ou mieux : un pinceau) - 1 bol

---

1. Tapisser le moule d'un des rouleaux de pâte brisée.
2. Piquer la pâte avec une fourchette.
3. Remplir la tarte avec la confiture de framboise.
4. Découper des petites lanières dans le deuxième rouleau de pâte et les entrecroiser sur la confiture.
5. Fixer les extrémités des lamelles de pâte sur le bord de la tarte.
6. Piquer délicatement ces lanières avec le bord d'une fourchette.
7. Séparer le blanc du jaune d'œuf.
8. Garder le jaune, le battre en omelette et y tremper le bord d'une feuille de papier absorbant (ou : un pinceau) pour en badigeonner les lanières de pâte.
9. Faire cuire 1/2 heure environ à four chaud.

« Le fromager »

Salade au bleu
Gratin dauphinois
Pommes au four

Salade au bleu

Ingrédients

- 1 sachet de salade (7,45 francs - 1,14 €)
- 1 tranche de bleu (ou de roquefort) (13,65 francs la tranche de bleu - 2,08 €)
- 4 tranches de pain de mie (3,50 francs le paquet - 0,53 €)
- huile (5,95 francs la bouteille d'huile de tournesol - 0,91 €)
- vinaigre (3,85 francs la bouteille de vinaigre de vin - 0,59 €)
- sel et poivre

Coût total de la recette : *34,40 francs - environ 5,24 €*

Matériel

1 bol - 4 assiettes pour la présentation - 1 feuille de papier aluminium

---

1. Faire dorer le pain sur la grille du four recouverte de papier aluminium.
2. Couper les tranches en carrés.
3. Disposer la salade dans les assiettes et répartir dessus le fromage émietté (l'équivalent d'une petite cuillère à soupe), entouré des croûtons.
4. Dans un bol, mélanger 3 cuillères à soupe d'huile, 1 cuillère à soupe de vinaigre et le reste de bleu écrasé à la fourchette.
5. Saler, poivrer et verser sur chaque assiette.

Gratin dauphinois

Ingrédients

- 1 kg de pommes de terre (7,50 francs - 1,14 €)
- 1/2 litre de lait (2,90 francs la brique - 0,44 €)
- 1 petit sachet de gruyère râpé (6,95 francs - 1,06 €)
- sel et poivre
- beurre ou margarine

Coût total de la recette : *17,35 francs - environ 2,64 €*

Matériel

1 plat à gratin - 1 feuille de papier absorbant pliée en 4 pour le graissage du moule

---

1. Eplucher et couper les pommes de terres en fines rondelles.
2. Les disposer dans un plat à gratin préalablement beurré.
3. Verser le lait sur les pommes de terre.
4. Saler, poivrer et recouvrir de gruyère râpé.
5. Faire cuire à four chaud une trentaine de minutes (tester avec la pointe d'un couteau : les pommes de terre doivent avoir perdu leur fermeté).

Pommes au four

Ingrédients

- 4 pommes (6,80 francs - 1,04 €)
- 4 grosses cuillères à café de sucre en poudre (7,80 francs le paquet - 1,19 €)
- 4 petits morceaux de beurre (6,25 francs la plaquette - 0,95 €)

***Coût total de la recette :** 20,85 francs - environ 3,18 €*

Matériel

1 plat allant au four

---

1. Peler les pommes et en ôter les trognons en les évidant par le milieu.
2. Verser 1 cuillère à café de sucre dans le « puits » ainsi obtenu et couvrir d'une noisette de beurre.
3. Verser un peu d'eau dans le fond du plat et y disposer les pommes en les incisant légèrement avec la lame d'un couteau pour ne pas qu'elles « éclatent » au cours de la cuisson.
4. Faire cuire une heure environ à four chaud.

« Le gourmand »

Friands aux saucisses
Tomates provençales
Tartines à la banane

Friands aux saucisses

Ingrédients

- 6 saucisses de Strasbourg (4,95 francs le sachet de 6 - 0,75 €)
- 1 rouleau de pâte feuilletée (4,95 francs le rouleau - 0,75 €)
- 1 œuf (5,95 francs la boîte de 6 - 0,91 €)

Coût total de la recette : *15,85 francs - environ 2,42 €*

Matériel

1 feuille de papier aluminium - 1 feuille de papier absorbant (ou mieux : 1 pinceau)

---

1. Couper les saucisses en quatre.
2. Découper la pâte feuilletée en petits rectangles.
3. Placer chaque morceau de saucisse au milieu d'un rectangle de pâte feuilletée.
4. Refermer les friands en scellant bien la pâte avec ses doigts.
5. A l'aide d'un papier absorbant plié en quatre (ou d'un pinceau), badigeonner les friands du jaune d'œuf battu et les placer sur la grille du four recouverte d'une feuille de papier aluminium.
6. Faire dorer une vingtaine de minutes à four chaud.

Tomates provençales

Ingrédients

- 4 grosses tomates (5 francs - 0,76 €)
- ail en poudre (3,25 francs le flacon - 0,49 €)
- chapelure (2,25 francs le paquet - 0,34 €)
- herbes de Provence (3,25 francs le flacon - 0,49 €)
- sel et poivre

Coût total de la recette : *13,75 francs - environ 2,10 €*

Matériel

1 plat allant au four ou une feuille de papier aluminium - 1 bol

---

1. Couper les tomates en deux et les disposer dans un plat (ou sur la grille de four recouverte d'une feuille de papier aluminium), le côté plat tourné vers le haut.
2. Mélanger 4 cuillères à café de chapelure avec une pincée d'ail déshydraté, le sel, le poivre et les herbes de Provence.
3. Recouvrir chaque tomate de cette préparation et laisser gratiner à four chaud une quinzaine de minutes.

Tartines à la banane

Ingrédients

- 4 tranches de pain d'épices (4,20 francs le paquet - 0,64 €)
- 2 bananes (4 francs - 0,61 €)
- sucre en poudre (7,80 francs le paquet - 1,19 €)
- beurre (6,25 francs la plaquette - 0,95 €)

Coût total de la recette : *22,25 francs - environ 3,39 €*

Matériel

1 couteau

---

1. Eplucher et couper les bananes en fines lamelles.
2. Beurrer les tranches de pain d'épices.
3. Poser les morceaux de banane sur les tranches beurrées et saupoudrer de sucre en poudre.
4. Faire chauffer dix minutes à four vif.

« Le végétal »

Quiche aux légumes
Tomates farcies
Tarte aux pommes

Quiche aux légumes

Ingrédients

- 1 rouleau de pâte brisée (4,95 francs - 0,75 €)
- 1 boîte de macédoine de légumes (2,75 francs - 0,42 €)
- 3 œufs (5,95 francs la boîte de 6 - 0,91 €)
- 1 petit pot de crème fraîche (3,45 francs - 0,53 €)
- 1 sachet de gruyère râpé (6,95 francs - 1,06 €)
- curry (3,25 francs le flacon - 0,49 €)
- sel et poivre

***Coût total de la recette :** 27,30 francs - environ 4,16 €*

Matériel

1 moule à tarte (ou un plat allant au four) - 1 saladier

---

1. Tapisser le moule à tarte (ou le plat) de pâte brisée et la piquer à l'aide d'une fourchette.
2. Dans un saladier, battre les œufs en omelette, puis ajouter la crème, le gruyère, la macédoine de légumes, le sel, le poivre et quelques pincées de curry.
3. Verser cette préparation sur la pâte.
4. Faire cuire à four moyen une trentaine de minutes.

Tomates farcies

Ingrédients

- 4 grosses tomates (5 francs - 0,76 €)
- 200 g de chair à saucisse (11,60 francs - 1,77 €)
- sel et poivre
- beurre ou margarine

Coût total de la recette : *16,60 francs - environ 2,53 €*

Matériel

1 plat allant au four - 1 feuille de papier absorbant pliée en 4 pour le graissage du moule

---

1. Creuser les tomates en les vidant doucement de leur pulpe.
2. Les garnir avec la chair à saucisse préalablement salée et poivrée.
3. Les recouvrir de leur « chapeau » et les disposer dans un plat soigneusement graissé.
4. Faire cuire à feu doux une trentaine de minutes.

Tarte aux pommes

Ingrédients

- 1 rouleau de pâte feuilletée (4,95 francs - 0,75 €)
- 2 pots de compote de pommes (3,95 francs les 4 pots - 0,60 €)
- 5 grosses pommes (8,50 francs - 1,29 €)

Coût total de la recette : *17,40 francs - environ 2,65 €*

Matériel

1 moule à tarte (ou un plat allant au four)

---

1. Tapisser le moule à tarte (ou le plat) de pâte feuilletée et la piquer à l'aide d'une fourchette.
2. Peler et couper les pommes en fines lamelles.
3. Déposer une couche de compote de pommes sur le fond de la tarte, puis y disposer les lamelles de fruits « en escargot », en commençant par le centre de la tarte.
4. Faire cuire à four moyen une trentaine de minutes.

« Le nordique »

Quiche au saumon fumé
Gratin d'artichauts
Clafoutis aux cerises

Quiche au saumon fumé

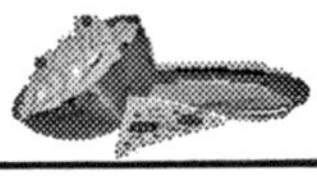

Ingrédients

- 1 rouleau de pâte feuilletée (4,95 francs - 0,75 €)
- 1 plaquette de saumon fumé (16,50 francs les 200 g - 2,52 €)
- 3 œufs (5,95 francs la boîte de 6 - 0,91 €)
- 1 petit pot de crème fraîche (3,45 francs - 0,53 €)
- thym (3,25 francs le flacon de thym déshydraté - 0,49 €)
- sel et poivre

Coût total de la recette : *34,10 francs - environ 5,20 €*

Matériel

1 moule à tarte (ou un plat allant au four) - 1 saladier

---

1. Tapisser le moule à tarte (ou le plat) de pâte feuilletée et la piquer à l'aide d'une fourchette.
2. Dans un saladier, battre les œufs en omelette, puis ajouter la crème, le poivre et quelques pincées de thym.
3. Saler très légèrement.
4. Mélanger à cette préparation le saumon coupé en fines lanières et verser le tout sur la pâte.
5. Faire cuire une trentaine de minutes à four moyen.

Gratin d'artichauts

Ingrédients

- 1 boîte de fonds d'artichauts (8,90 francs - 1,36 €)
- 50 g de gruyère râpé (6,95 francs le sachet - 1,06 €)
- 50 g de bleu (13,65 francs la tranche de 250 g - 2,08 €)
- une grosse noix de beurre (6,25 francs la plaquette - 0,95 €)
- 3 cuillères à soupe de chapelure (2,25 francs - 0,34 €)

Coût total de la recette : *38 francs - environ 5,79 €*

Matériel

1 saladier - 1 plat allant au four

---

1. Dans un saladier, écraser le bleu à la fourchette et le mélanger au gruyère râpé, puis au beurre ramolli.
2. Placer les fonds d'artichaut dans un moule soigneusement graissé et y répartir le mélange bleu-gruyère.
3. Saupoudrer de chapelure et faire gratiner entre cinq et dix minutes à four chaud.

Clafoutis aux cerises

Ingrédients
- 100 g de farine (3,95 francs le paquet - 0,60 €)
- 90 g de sucre (7,80 francs le paquet - 1,19 €)
- 6 œufs (5,95 francs la boîte - 0,91 €)
- 1/4 de litre de lait (2,90 francs la brique - 0,44 €)
- 750 g de cerises (12,60 francs - 1,92 €)
- sel
- beurre ou margarine

Coût total de la recette : *33,20 francs - environ 5,06 €*

Matériel
1 saladier - 1 moule ou 1 plat allant au four - 1 verre doseur - 1 feuille de papier absorbant pliée en 4 pour le graissage du moule

---

1. Laver, équeuter et dénoyauter les cerises et les disposer au fond du moule soigneusement graissé.
2. Dans un saladier, mélanger la farine, le sucre, les œufs et une pincée de sel, puis ajouter le lait petit à petit, jusqu'à obtention d'une pâte homogène.
3. Verser cette préparation sur les cerises et laisser cuire une trentaine de minutes à four chaud (th. 6-7).

« Le provençal »

Quiche provençale
Colin à la moutarde
Quatre-quarts

Quiche provençale

Ingrédients

- 1 rouleau de pâte brisée (4,95 francs - 0,75 €)
- 1 grosse boîte de ratatouille (7,80 francs - 1,19 €)
- 3 œufs (5,95 francs la boîte de 6 - 0,91 €)
- 1 grosse cuillère à soupe de crème fraîche (3,45 francs le pot - 0,53 €)
- herbes de Provence (3,25 francs le flacon - 0,49 €)
- sel et poivre

Coût total de la recette : *25,40 francs - environ 3,87 €*

Matériel

1 moule à tarte (ou un plat allant au four) - 1 saladier

1. Tapisser le moule à tarte (ou le plat) de pâte brisée et la piquer à l'aide d'une fourchette.
2. Dans un saladier, battre les œufs en omelette, puis ajouter la crème, la ratatouille soigneusement égouttée, le sel, le poivre et quelques pincées d'herbes de Provence.
3. Verser cette préparation sur la pâte.
4. Faire cuire une quarantaine de minutes à four moyen.

Colin à la moutarde

Ingrédients

- 4 filets de colin (13,95 francs les 4 filets de colin surgelés - 2,13 €)
- 1 petit pot de crème fraîche (3,45 francs - 0,53 €)
- 2 cuillères à soupe de moutarde (1,95 franc le pot - 0,30 €)
- sel et poivre

Coût total de la recette : *19,35 francs - environ 2,95 €*

Matériel

Papier aluminium - 1 bol

---

1. Disposer le poisson au milieu d'une feuille de papier aluminium et en remonter les bords de façon à former une papillote.
2. Dans un bol, mélanger la crème et la moutarde.
3. Saler et poivrer très légèrement.
4. Verser la sauce ainsi obtenue sur le poisson.
5. Refermer la papillote et laisser cuire à four moyen une vingtaine de minutes.

Quatre-quarts

Ingrédients

- 4 œufs (5,95 francs la boîte de 6 - 0,91 €)
- 200 g de beurre (6,25 francs la plaquette - 0,95 €)
- 200 g de sucre (7,80 francs le paquet - 1,19 €)
- 200 g de farine (3,95 francs le paquet - 0,60 €)
- sel

Coût total de la recette : *23,95 francs - environ 3,65 €*

Matériel

1 saladier - 1 moule ou un plat allant au four - 1 verre doseur - 1 feuille de papier absorbant pliée en 4 pour le graissage du moule

---

1. Dans un saladier, mélanger successivement le beurre mou coupé en très petits morceaux avec le sucre, les œufs, la farine et une pincée de sel, jusqu'à obtention d'une pâte homogène.
2. Verser la préparation dans un moule soigneusement graissé et faire cuire une trentaine de minutes à four chaud (th. 7).

« *L'ibérique* »

Tartines espagnoles
Poivrons marinés
Tarte aux poires

Tartines espagnoles

Ingrédients

• 4 grosses tranches de pain de campagne ou 1/2 baguette (2,20 francs la demie-baguette - 0,34 €)
• 2 tomates (2,50 francs - 0,38 €)
• 1 gousse d'ail (12,90 francs le filet de 500 g - 1,97 €)
• 4 tranches de jambon serrano (13,90 francs - 2,12 €)
• huile d'olive (17,95 francs la bouteille - 2,74 €)
• herbes de Provence (3,25 francs le flacon - 0,49 €)

Coût total de la recette : *52,70 francs - environ 8,03 €*

Matériel

1 feuille de papier aluminium

---

1. Laver et couper les tomates en très fines rondelles.
2. Frotter le pain avec la gousse d'ail et en badigeonner un côté d'huile d'olive.
3. Disposer dessus les rondelles de tomates et parsemer d'herbes de Provence.
4. Poser les tartines sur la grille du four recouverte d'une feuille de papier aluminium et laisser griller à four chaud entre 5 et 10 minutes.
5. « Chiffonner » une tranche de jambon sur chaque tartine et servir immédiatement.

Poivrons marinés

Ingrédients

- 2 poivrons jaunes (3,60 francs - 0,55 €)
- 2 poivrons verts (3,60 francs - 0,55 €)
- 2 poivrons rouges (3,60 francs - 0,55 €)
- huile d'olive (17,95 francs la bouteille - 2,74 €)
- herbes de Provence (3,25 francs le flacon - 0,49 €)
- sel et poivre

Coût total de la recette : *32 francs - environ 4,88 €*

Matériel

1 feuille de papier aluminium - 1 grand plat - 1 sac plastique

---

1. Laver les poivrons, les entailler légèrement et les disposer sur la grille du four recouverte d'une feuille de papier aluminium.
2. Les faire cuire à four moyen (th. 6-7) jusqu'à ce que leur peau commence à noircir (compter une quinzaine de minutes).
3. A la sortie du four, les placer une dizaine de minutes dans un sac plastique hermétiquement fermé (afin de faciliter le décollage de la peau), puis les peler, les épépiner et les couper en lanières.
4. Les placer dans le fond d'un plat et les recouvrir d'huile d'olive.
5. Saler, poivrer et parsemer d'herbes de Provence.

Laisser mariner au minimum une trentaine de minutes avant de servir.

Tarte aux poires

Ingrédients

- 1 rouleau de pâte brisée (4,95 francs - 0,75 €)
- 2 grosses poires (4,80 francs - 0,73 €)
- 1 petit pot de crème fraîche (3,45 francs - 0,53 €)
- 50 g de farine (3,95 francs le paquet - 0,60 €)
- 100 g de sucre (7,80 francs le paquet - 1,19 €)
- 2 œufs (5,95 francs la boîte de 6 - 0,91 €)

Coût total de la recette : *30,90 francs - environ 4,71 €*

Matériel

1 saladier - 1 moule à tarte - 1 verre doseur

---

1. Couper les poires en deux, les peler et en ôter les pépins.
2. Dans un saladier, mélanger le sucre, les œufs, la farine et la crème fraîche.
3. Tapisser le moule à tarte de pâte brisée et la piquer à l'aide d'une fourchette.
4. Disposer les poires sur la pâte, le côté le plus charnu des fruits devant se tourner vers l'extérieur.
5. Verser la préparation sur les poires.
6. Faire cuire une trentaine de minutes (th. 6-7).

« Le tout-chaud »

Salade de chèvre chaud
Gratin de saumon aux épinards
Flan aux fruits

Salade de chèvre chaud

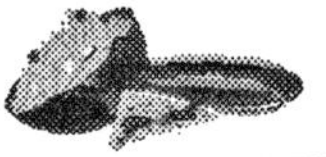

Ingrédients

- 1 sachet de salade mélangée (7,45 francs - 1,14 €)
- 2 crottins de chèvre (12,80 francs - 1,95 €)
- 4 tranches de pain de mie (3,50 francs le paquet - 0,53 €)
- 1 citron (1,90 franc - 0,29 €)
- huile d'olive (17,95 francs la bouteille - 2,74 €)
- herbes de Provence (3,25 francs le flacon - 0,49 €)
- sel et poivre

Coût total de la recette : *46,85 francs - environ 7,14 €*

Matériel

1 saladier - 1 feuille de papier aluminium - 4 assiettes pour la présentation

---

1. Couper les crottins de chèvre en deux et les disposer sur chaque morceau de pain.
2. Placer sur la grille du four recouverte d'une feuille de papier aluminium et faire gratiner.
3. Dans un saladier, mélanger quelques cuillères à soupe d'huile d'olive avec un filet de jus de citron.
4. Assaisonner et mélanger avec la salade.
5. Répartir la salade dans chaque assiette et la recouvrir avec les tartines de chèvre.

Gratin de saumon aux épinards

Ingrédients

• 4 darnes de saumon (14,95 francs - 2,28 € le sachet de 500 g de darnes de saumon surgelées)
• 1 grosse boîte d'épinards hachés (5,80 francs - 0,88 €)
• 1 petit pot de crème fraîche (3,45 francs - 0,53 €)
• 1 petit sachet de gruyère râpé (6,95 francs - 1,06 €)
• sel et poivre

Coût total de la recette : *31,15 francs - environ 4,75 €*

Matériel

1 saladier - 1 plat allant au four - 4 feuilles de papier aluminium

---

1. Placer les darnes de saumon sur les feuilles de papier aluminium.
2. Former les papillotes et faire cuire une quinzaine de minutes à four chaud.
3. Dans un saladier, mélanger la crème fraîche et une poignée de gruyère râpé aux épinards soigneusement égouttés. Saler et poivrer.
4. Lorsque le saumon est cuit, le couper en gros morceaux et le déposer dans un plat à gratin, sur une couche du mélange épinards-crème-gruyère.
5. Recouvrir le saumon du reste du mélange d'épinards puis saupoudrer du reste de gruyère râpé et faire gratiner à four chaud.

Flan aux fruits

Ingrédients

• 1 rouleau de pâte brisée (4,95 francs - 0,75 €)
• 1 boîte de macédoine de fruits (6,30 francs - 0,96 €)
• 100 g de crème fraîche ou l'équivalent de lait (3,45 francs le petit pot de crème fraîche - 0,53 €)
• 50 g de farine (3,95 francs le paquet - 0,60 €)
• 100 g de sucre en poudre (7,80 francs le paquet - 1,19 €)
• 2 œufs (5,95 francs la boîte de 6 - 0,91 €)

Coût total de la recette : *32,40 francs - environ 4,94 €*

Matériel

1 moule à tarte (ou 1 plat allant au four) - 1 saladier - 1 verre doseur

---

1. Tapisser le moule à tarte de pâte brisée et la piquer à l'aide d'une fourchette.
2. Egoutter soigneusement les fruits.
3. Dans un saladier, battre les œufs en omelette, puis ajouter la crème fraîche (ou le lait), la farine et le de sucre en poudre.
4. Disposer les fruits sur la pâte et les recouvrir de la préparation.
5. Faire cuire une trentaine de minutes minimum à four chaud (th. 6-7).

« *Le multicolore* »

Paupiettes de laitue
Poulet basquaise
Poires au chocolat

Paupiettes de laitue

Ingrédients

- 1 laitue (4,90 francs - 0,75 €)
- 8 cuillères à soupe de riz (3,95 francs le paquet de 4 sachets - 0,60 €)
- 1 petit poivron jaune (1,80 franc - 0,27 €)
- 2 tomates pas trop mûres (2,50 francs - 0,38 €)
- 4 cuillères à soupe de mayonnaise (2,80 francs le pot - 0,43 €)
- 2 cuillères à soupe de ciboulette (7,90 francs la boîte de ciboulette hachée surgelée - 1,20 €)
- sel et poivre

Coût total de la recette : *23,85 francs - environ 3,63 €*

Matériel

1 casserole - 1 passoire (ou 1 assiette que l'on renversera sur la casserole afin d'égoutter le riz) - 1 saladier - un peu de ficelle

---

1. Laver 8 grosses feuilles de laitue et les jeter quelques secondes dans une casserole remplie d'eau bouillante.
2. Les égoutter et les sécher soigneusement.
3. Faire cuire le riz dans une casserole remplie d'eau bouillante salée.
4. L'égoutter et le laisser refroidir.
5. Laver, épépiner et couper le poivron et les tomates en petits dés, puis les mélanger au riz.
6. Ajouter la mayonnaise et la ciboulette.
7. Disposer un peu de cette farce au milieu de chaque feuille de laitue, puis en replier les bords de manière à former comme un gros rouleau, et ficeler le tout.

Poulet basquaise

Ingrédients

- 4 escalopes ou blancs de poulet (11 francs les deux - 1,68 €, soit 22 francs - 3,35 €)
- 2 gros oignons (2 francs - 0,30 €)
- 4 poivrons verts (7,20 francs - 1,10 €)
- 4 grosses tomates ou une boîte de tomates pelées (1,95 franc la boîte de tomates pelées - 0,30 €)
- huile d'olive (17,95 francs la bouteille - 2,74 €)
- herbes de Provence et/ou bouquet garni (3,25 francs - 0,49 € le flacon d'herbes de Provence déshydratées)
- sel et poivre

Coût total de la recette : *54,35 francs - environ 8,28 €*

Matériel

1 grosse poêle et son couvercle ou une cocotte

---

1. Couper le poulet en gros morceaux et le faire revenir dans l'huile d'olive avec les oignons finement coupés.
2. Saler, poivrer et ajouter le bouquet garni ou une grosse pincée d'herbes de Provence.
3. Lorsque le poulet est légèrement doré, ajouter les poivrons coupés en fines lamelles et les tomates pelées ou épépinées (ou le contenu de la boîte de tomates).
4. Couvrir et laisser cuire une quinzaine de minutes à feu doux.

Poires au chocolat

Ingrédients

- 4 poires (9,60 francs - 1,46 €)
- 1 tablette de chocolat noir (5,90 franc - 0,90 € les 3 tablettes)

Coût total de la recette : *15,50 francs - environ 2,36 €*

Matériel

1 casserole

---

1. Peler, épépiner et couper les poires en deux.
2. Dans une casserole, faire chauffer (en remuant) la tablette de chocolat coupée en petits morceaux à feu très doux.
3. Lorsque le chocolat est complètement fondu, en napper les poires et servir aussitôt.

« *L'écarlate* »

Champignons à la tomate
Chili doux express
Cerises au sucre

Champignons à la tomate

Ingrédients

- 500 g de champignons de Paris (9,90 francs - 1,51 €)
- 1 petite boîte de tomates pelées (1,95 franc - 0,30 €)
- 1 oignon (1 franc - 0,15 €)
- 1 échalote (12,90 francs le filet de 500 g - 1,97 €)
- huile d'olive (17,95 francs la bouteille - 2,74 €)
- herbes de Provence (3,25 francs le flacon - 0,49 €)
- sel et poivre

Coût total de la recette : *46,95 francs - environ 7,16 €*

Matériel

1 casserole

---

1. Oter les bouts terreux des champignons, les peler et couper les plus gros.
2. Couper l'échalote et l'oignon en petits morceaux.
3. Mettre un peu d'eau dans une casserole et y jeter les légumes.
4. Les faire cuire pendant quelques minutes en veillant à ce que le mélange n'accroche pas.
5. Ajouter les tomates coupées en petits morceaux, assaisonner, arroser d'un filet d'huile d'olive et laisser cuire une quinzaine de minutes à feu doux en remuant souvent.
6. Servir lorsque le mélange a refroidi.

Chili doux express

Ingrédients

- 4 steaks hachés (9,95 francs la boîte de 4 steaks hachés surgelés - 1,52 €)
- 3 petites boîtes de haricots rouges (2,95 francs la boîte - 0,45 €, soit 8,85 francs - 1,35 €)
- 1 grosse boîte de sauce tomate (3,95 francs - 0,60 €)
- 3 oignons (3 francs - 0,46 €)
- 2 échalotes (12,90 francs le filet - 1,97 €)
- herbes de Provence (3,25 francs le flacon - 0,49 €)
- tabasco (10,90 francs la bouteille - 1,66 €)
- curry (3,25 francs le flacon - 0,49 €)
- huile d'olive (17,95 francs la bouteille - 2,74 €)
- sel et poivre

Coût total de la recette : *74 francs - environ 11,28 €*

Matériel

1 sauteuse ou une poêle et une casserole

---

1. Couper les steaks en petits morceaux et les faire cuire à l'huile d'olive avec les oignons et les échalotes coupés en fines lanières.
2. Lorsque la viande est cuite, ajouter la sauce tomate et une grosse pincée d'herbes de Provence. Saler et poivrer (ou, si l'on ne possède pas de sauteuse : lorsque la viande, les oignons et les échalotes sont cuits, les mélanger à la sauce tomate dans une casserole et assaisonner).
3. Ajouter les haricots rouges, quelques gouttes de tabasco (suivant les goûts) et une cuillère à café de curry.
4. Mélanger et laisser cuire à feu doux une quinzaine de minutes.

Cerises au sucre

Ingrédients

- 700 g de cerises (11,80 francs - *1,80* €)
- 4 cuillères à soupe de sucre en poudre
(7,80 francs le paquet - *1,19* €)

Coût total de la recette : *19,60 francs - environ 2,99 €*

Matériel

1 casserole - 1 saladier - 1 grande assiette pour la présentation

---

1. Laver les cerises et les jeter dans une casserole remplie d'un litre d'eau bouillante.
2. Lorsque les cerises remontent, les égoutter et les verser dans un saladier.
3. Saupoudrer immédiatement de sucre.
4. Laisser refroidir et disposer les cerises « debout » dans une assiette.